福建省高速公路标准化管理系列指南

福建省高速公路机电工程施工标准化管理指南

Fujian Sheng Gaosu Gonglu Jidian Gongcheng Shigong Biaozhunhua Guanli Zhinan

（建设管理）

Jianshe Guanli

福建省高速公路建设总指挥部　组织编写

人民交通出版社

内 容 提 要

本书为“福建省高速公路标准化管理系列指南”之一——机电工程建设管理部分。本书是在现行相关国家、行业标准规范的基础上，总结福建省多年高速公路机电工程驻地建设和施工管理实践经验编制而成。本书图文并茂地对机电工程建设规范化管理的具体要求进行说明，将规范化管理、标准化施工的理念贯穿于施工管理的全过程。本书对提高机电工程建设管理水平、消除机电工程施工安全隐患、实现驻地建设与施工管理的标准化、确保高速公路机电工程施工质量有很好的指导作用。

本书适用于福建省所有新建、在建高速公路项目(含连接线)机电工程建设管理工作，也可供其他省份相关管理与技术人员参考使用。

图书在版编目(CIP)数据

福建省高速公路机电工程施工标准化管理指南. 建设管理/福建省高速公路建设总指挥部组织编写. --北京:人民交通出版社,2012.6

(福建省高速公路标准化管理系列指南)

ISBN 978-7-114-09610-5

Ⅰ.①福… Ⅱ.①福… Ⅲ.①高速公路 - 机电工程 - 工程施工 - 标准化管理 - 福建省 - 指南 Ⅳ.①U412.36-62

中国版本图书馆 CIP 数据核字(2012)第 011010 号

书　　名：福建省高速公路标准化管理系列指南
　　　　　福建省高速公路机电工程施工标准化管理指南(建设管理)
著 作 者：福建省高速公路建设总指挥部
责任编辑：郑蕉林　潘艳霞
出版发行：人民交通出版社
地　　址：(100011)北京市朝阳区安定门外外馆斜街 3 号
网　　址：http://www.ccpress.com.cn
销售电话：(010)59757969,59757973
总 经 销：人民交通出版社发行部
经　　销：各地新华书店
印　　刷：北京鑫正大印刷有限公司
开　　本：880×1230　1/16
印　　张：5
字　　数：99 千
版　　次：2012 年 6 月　第 1 版
印　　次：2012 年 6 月　第 1 次印刷
书　　号：ISBN 978-7-114-09610-5
印　　数：0001-4000 册
定　　价：23.00 元

序

当前，交通建设领域正在大力推进现代工程管理，标准化管理已成为其核心内容之一。福建省交通运输厅、省高速公路建设总指挥部先行先试，倡导高速公路施工标准化管理，为全国同行开辟了一条创新发展的新路子。在充分吸收和借鉴国内外先进经验，特别是福建省交通系统成功实践的基础上，交通运输部组织编写了《高速公路施工标准化技术指南》，有力地推动了我国公路建设管理水平的全面提升。

不断追求、不断创新，才能不断跨越。福建交通人在探索标准化管理之路上持续攀登，《福建省高速公路机电工程施工标准化管理指南》丛书由人民交通出版社正式出版，标志着他们在高速公路建设标准化管理的路上又迈出了坚实的一步。《指南》以实现“管理科学、流程优化、运作规范、监督高效”为目标，体现了机电施工管理及收费、监控、通信、供配电系统、信息化建设“三统一、四规范、五到位”（即统一规划、统一标准、统一设计；规范管理行为、规范工地建设、规范施工工艺、规范信用考核；施工界面到位、质量监管到位、安全保障到位、岗前培训到位、建管衔接到位）的管理新思路，值得全国从事高速公路建设管理的同行们学习、参考、借鉴。

希望福建省交通运输部门再接再厉，坚定不移地深入推行标准化管理，持之以恒提升交通运输各环节管理水平，促进发展规模、速度、质量、效益协调统一；坚持不懈地走创新发展之路，持续提升公共服务水平，打造海西交通品牌，为我国交通运输业更高水平、更好质量的发展作出新贡献。同时，也期望交通运输行业的各级领导干部和广大职工积极探索，持续深化标准化管理，为加快转变发展方式、加快实现现代工程管理而不懈努力。

交通运输部副部长 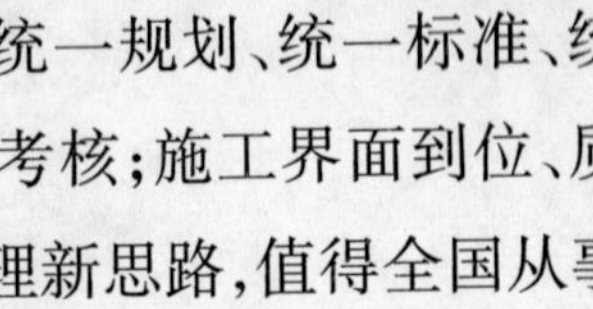

2012 年 5 月 10 日

前　言

近十多年来，福建省高速公路建设发展迅速，高速公路施工技术和管理水平有了长足的进步。近几年，通过对《福建省高速公路机电工程施工标准化管理指南》(试行)的认真贯彻和执行，在机电工程建设管理方面取得了一定的成效，有效地提高了工程建设质量，减少了工程质量通病的发生，规范了福建省高速公路机电工程标准化建设和管理，提高了工程建设技术管理水平。实践表明，大力推行标准化施工管理有力地促进了福建省高速公路机电工程建设管理水平的全面稳步提高。为此，福建省高速公路建设总指挥部总结近几年在机电工程建设管理方面的经验，在原指南基础上进行了本次修编。

本书图文并茂地对机电工程建设规范化管理的具体要求进行说明，旨在更有效地提高机电工程施工管理水平，实现施工管理标准化，确保高速公路机电工程施工质量。

福建省高速公路建设总指挥部

2011 年 10 月

目　录

1　总则

1.1　适用范围

(1)本指南适用于福建省高速公路机电工程的供货与安装项目。

(2)机电工程施工中使用的设备、材料、隐蔽工程及其施工原始资料和记录,均应按本标准要求进行施工、质量控制与检查,确保工程质量符合规定的质量标准。在每一章节的施工标准化要求中均对质量标准、检查内容和方法等提出了要求。如有未写明之处,应按照国家和有关部门现行规范规定且经监理工程师批准后执行。

(3)本指南仅为方便起见划分为若干章节,阅读时应将本指南视作一个整体。

(4)凡本指南或与本指南有关的规范及图纸中未规定的细节,及在涉及任何条款的细节没有明确规定时,都应认为指的是需经监理工程师同意的习惯做法。

(5)机电工程施工管理内容包括机电工程相关系统和设备的联合设计、生产制造、采购、运输、安装、测试、开通、试运行、培训、文档和售后服务。

(6)机电工程承包人应依照自身拥有的经验及工程实践,提供本指南没有提到或目前尚未细化的,但为完成工程及其正常运行所必需的施工图纸以及材料、人力、备件、样品和维修工具等。

(7)机电工程承包人应负责提供施工安装图、系统运行手册、维修养护手册、工艺手册、软件结构图、源程序清单、工具、备件、全套竣工资料及全面的技术培训与技术支持。

1.2　编制依据

(1)国家相关法律法规和条例。

(2)交通运输部与相关行业颁布的规定、规范、标准和办法。

(3)福建省交通运输厅和福建省高速公路建设总指挥部颁布的规定和要求。

1.3　定义和缩写

合同条款中的定义和下面的定义都适用于本指南。

(1)“技术规范”指招标文件技术规范及施工图设计说明中的技术要求。

(2)“供货”指设备的提供、安装和配套连接,以及设备安全常规操作所需要的材料和准备工作。

(3)“设计”指系统方案设计、软件设计、施工安装图设计、基础接地设计及临时工程的设计。

(4)“安装”指设备安装、装配和相关辅助材料的连接。

(5)“采购”指设备及其配套辅助材料的采购、获取和运送。

(6)“类似的”或“相等的”指设备的材质、规格、功能和效率等方面不低于指定产品。

本指南使用的缩写词如下:

GB	中华人民共和国国家标准
JT	中华人民共和国交通行业标准
YD	中华人民共和国通信行业标准
GBJ	中华人民共和国工程建设标准
GA	中华人民共和国公安部标准
TD	中华人民共和国国土资源部标准
DB	中华人民共和国地震局标准
DL	中国电力企业联合会标准
HG	中国石油和化学工业协会标准
JB	中国机械工业联合会标准
YB	中国钢铁工业协会标准
ANIS	美国国家标准协会
BS	英国标准
JIS	日本标准
UPS	不间断供电电源
AC	交流电
CPU	中央处理器
DC	直流电
E&M	机械和电气
EIA	电子工业协会
EPROM	可擦可编程只读存储器
GCC	通用合同条款
IEC	国际电工委员会(瑞士日内瓦)
IEE	电气工程师学会(英国)
IEEE	电气和电子工程师学会(美国)
ISO	国际标准化组织
ITU	国际电信联盟
LED	发光二极管
MTBF	平均故障间隔时间
MTTR	平均修复时间
PVC	聚氯乙烯

PE	聚乙烯
RAM	随机存取存储器
TS	技术规范
YDJ	中华人民共和国原邮电部标准

1.4 标准和规范

机电工程的设计、生产、制造、运输、安装和开通使用下列最新版本的标准与规范:

(1)中华人民共和国国家标准。

(2)中华人民共和国交通运输部标准。

(3)中华人民共和国信息产业部标准。

(4)中华人民共和国公安部消防安全条例。

(5)国际标准化组织标准。

(6)国际电信联盟标准。

(7)国际电工技术委员会标准。

(8)美国材料与试验协会标准。

(9)美国各州公路与运输协会标准。

(10)日本国家标准。

(11)英国国家标准。

1.5 标准一致性

(1)除非合同文件另有规定,项目工程所使用设备、材料的设计标准和测试方法应符合我国最新标准或监理工程师指定标准的要求。

(2)如果承包人提供的材料、设备、设计标准或测试不符合我国标准要求,那么,承包人应详细说明所使用的标准与相应我国标准的不同之处,以及对设计或设备性能的影响,并将该标准(如果该标准为外文,应翻译成中文)提交监理工程师审批。无论使用何种标准,各项技术指标均不得低于相应的我国标准。

(3)所有的联合设计引用的规范、标准和依据,应在设计审查开始前一周提交给业主和监理工程师。施工、验收规范应在单项工程施工前一周提交给监理工程师,若不能按计划提交,则不允许施工。

如果各标准之间有互相矛盾的内容,那么以下列排序在先者为准。

(1)我国国家标准和有关部门的标准、规范中的强制性条文。

(2)合同条款。

(3)施工图及设计说明。

(4)招标文件技术规范。

(5)我国国家标准与有关部门的标准和规范。

(6)国际标准。

(7)其他国家官方、团体或协会颁布的标准和规范。

(8)设备厂商技术要求和说明。

除非另有说明,本指南中所采用的规范应为最新版本的规范。

1.6 其他

(1)联合体形式承包人应由联合体牵头人负责施工管理和技术总协调工作。该牵头人管理和协调工作内容包括对内、对外(与其他承包人及业主和监理工程师)的协调。在投标书中,联合体投标人应采用图纸加文字的方法说明本机电合同内、外部技术工作界面,并详细列出技术协调工作的内容、目的、工作安排和工作界面。

(2)承包人应按本合同条款、技术规范及批准的图纸和有关文件,进行各项准备工作,并完成与本次工程有关的设施建设和一切服务,保证有效地完成本机电工程合同的全部工作项目。所有工作均应达到监理工程师的要求。

(3)承包人还应依照过去的工程经验和通常的惯例,提供规范或图纸中没有提到的,但为完成本工程监控系统必需的所有材料、劳力、备件、样品、工具和设备等。

(4)工程采购的所有设备和材料应符合合同条款、技术规范和合同内有关文件的要求。

2 项目管理机构与驻地建设

2.1 承包人项目部

承包人进场后应首先根据合同文件的相关规定和要求,在工程现场或附近成立承包人项目部,开展项目部驻地建设。项目部的项目经理、技术总负责或总工程师、业务部门的设置应符合合同文件要求。项目部负责人和主要岗位管理、技术人员应严格按照合同文件确定的人选配置到位。

项目部组织机构框架如图 2-1 所示。

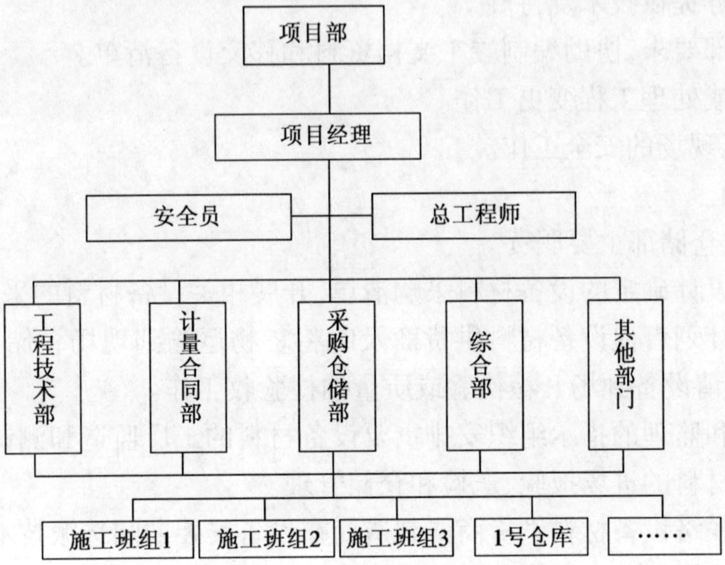

图 2-1 项目部组织机构框架图

2.1.1 管理机构职责

1)项目部综合部主要职责

(1)负责项目部驻地建设。

(2)负责项目部所有参建人员的日常生活、办公的后勤保障工作。

(3)负责按照项目部各业务部门的要求雇用劳务人员,并按规定签订劳务合同,上报劳务人员花名册。

(4)负责项目安全监督和管理工作,组织各分项工程开工前上岗人员的安全培训与专业培训。

(5)负责收集汇总项目部各业务部门和施工班组的施工进度与施工记录材料;及时

开展本项目机电建设管理系统的信息维护工作。

(6)负责项目售后服务与缺陷责任期内设备、系统的维护以及项目业主人员的操作和维护管理培训。

(7)负责项目施工期间所有文件的收发管理与存档,组织编制竣工档案资料。

(8)其他事项。

2)工程技术部主要职责

(1)负责工程的施工组织工作,编排总体进度目标和各分项工程实施进度计划,并及时根据现场条件和监理指示,调整进度计划与实施方案。

(2)负责组织预留预埋现场检查与勘察,开展联合设计工作。

(3)负责及时编制工程进度报告,收集进度资料,分析进度情况。

(4)负责建立工程质量保证体系,落实工程质量管理措施,确保工程质量符合要求。

(5)根据进度计划开展各分项工程的施工准备工作,详细安排施工班组、施工人员与施工机械设备、材料的进场、安装与调试工作;负责各施工班组的每日派工和班组管理工作。

(6)协调与土建、房建和供配电等其他承包人的实施方案和界面工程。

(7)为售后服务提供技术支持。

(8)根据综合部要求,协助编制竣工文档资料和移交设备清单。

(9)负责提出或处理工程变更工作。

(10)负责施工现场的安全工作。

(11)其他事项。

3)设备采购与仓储部主要职责

(1)根据联合设计确定的设备材料采购清单,开展相关设备材料的采购工作。

(2)根据进度计划督促设备材料供货商及时将货物运输到现场仓储存放地,并向业主和监理工程师申请设备到场开箱检验或质量抽检验收工作。

(3)根据业主和监理的指示组织安排重要设备材料的工厂监造和测试工作。

(4)负责设备材料的进场报验、送检和仓储管理。

(5)负责协调联络设备材料供货商或制造商在设备安装期间选派技术人员到场指导或协助安装调试,以及系统的开通工作。

(6)协助设备厂商为售后服务提供技术与产品的保障工作。

(7)其他事项。

4)合同计量部主要职责

(1)负责项目的工程计量与支付报表的编制工作。

(2)负责项目部相关费用开支管理与工程支付工作。

(3)负责设备材料采购费用与服务费以及劳务人员工资的支付工作。

(4)负责工程资金的账务编制与管理,配合监理和业主开展工程资金的监管。

(5)负责工程施工运营资金的筹集与周转工作。

(6)负责工程变更申报手续、工程决算,并配合业主开展审计。

(7)负责项目合同的履约管理工作。

(8)及时处理与合同相关的事宜。

(9)其他事项。

5)其他部门

承包人还可以根据项目管理需要设置其他部门。

6)施工班组、培训组和售后服务组主要职责

承包人项目部应根据施工组织要求与进度计划,为各分项工程施工、设备安装、软件调试、培训工作与售后服务等工作设置必要的专业施工班组、软件调试组、培训组和售后服务组等,以便开展相关的工作。

(1)施工班组

①根据机电各分项工程施工的专业特点与计划进度要求,合理组建若干专业施工班组、软件调试组等。

②适时组织相关专业施工人员、技术人员,配备专业施工机械与工具,分别负责各分项工程的现场基础施工、设备就位安装、缆线敷设与接线、软件安装调试,并记录施工情况。

承包人可参照下列专业分组方案,并视机电项目的规模和复杂程度合理确定和组建具体项目所需的施工班组数量。

①监控系统:土建施工组、缆线敷设组、设备安装组、联网调试组,其中设备安装组亦可划分为隧道组、外场设备组、分中心设备组等。

②收费系统:按收费站点划分或按专业划分,如车道设备组、缆线敷设组、称台设备组、ETC 设备组、监控室与机房设备组、分中心设备组、软件组等。

③通信系统:管道缆线组、设备安装组、隧道组、通信网管组等。

④供配电系统:缆线敷设组、设备安装组、调试试验组。

⑤隧道通风照明系统:缆线敷设组、设备安装组、调试试验组。

⑥消防设施:水管道及水设备安装组、电气线缆和设备安装组、消防门安装组。

⑦综合:土建施工组、非标五金加工安装组。

(2)培训组

①负责编写各类培训的教材与资料,组织安排培训课程,选派合格的授课人员开展培训业务。

②现场指导受训人员的实际操作,解答各类培训业务的实际问题。

③其他事项。

(3)售后服务部

①负责项目运行期间的系统与设备故障的维护工作,及时派驻售后服务技术人员,备足备品和备件,在合同规定的时限内完成故障的修复工作。

②履行售后服务承诺。

③其他事项。

2.1.2 人员配备

承包人项目部应根据合同规定和投标承诺,以及监理批准的施工组织机构,及时组

织项目经理、总工、安全员和各专业工程师进场开展施工准备工作;依据工程进度计划与工作量的实际需要,按合同要求与投标承诺的具体人员及时安排项目部各业务部门负责人、专业技术工程师和质量检验员到位,并配足各专业施工班组、培训组及售后服务组等施工人员。

(1)签订合同后,项目部经理、总工、安全员和主要专业工程师等应严格按照合同规定的正选人员到位;因正选人员无法到位,需要更换其他人选时,应报监理和业主审批;各专业工程师和施工人员不足时或无法满足进度要求时,承包人应根据合同规定的人员资格条件和施工班组人员构成,依据进度计划和实际工作量增配相关施工人员。

(2)根据施工人员管理培训要求,建立考核、培训、培养机制,在促进在岗工作人员技术业务素养提高的同时,加强企业文化建设,加强思想文化引导,加强廉政建设,加强团队意识建设,创造“公正、和谐、团结、奋斗”的氛围,带动建设工作全面展开。

(3)承包人项目部主要管理人员与施工班组负责人应为承包人自己的员工,一般的专业技术人员和部分施工班组人员可来自设备厂商技术人员。除此以外,项目部雇用的其他劳务人员,应按照劳动法规定签订劳务合同,及时支付劳动报酬,不得拖欠工资。

(4)项目部所有管理人员和施工班组人员,包括雇用的劳务人员,均应在进场施工前开展上岗前技术和安全专项培训工作,严格遵守现场施工相关规定和要求;并提供必要的人身保险。

(5)施工班组人员的一般构成:负责人、专业技术人员、设备厂商技术人员、专业机械和仪器操作人员、质检人员、现场安全人员各1名,及其他劳务人员。承包人可视具体施工班组的需求配备人员。

2.2 项目部驻地和制度建设

2.2.1 项目部驻地

1)项目部驻地选址要求

(1)在签订合同后,承包人应立即开展项目部的选址工作,并在两周内将项目部选址和项目部的驻地建设方案报监理和项目业主审批。

(2)项目部选址原则应便于项目施工日常管理,靠近项目所在现场,有进出现场的通道,相对邻近业主代表处和监理驻地办;有合适规模的办公、生活场所,供电、通信条件便利,周边社会治安良好,没有环境污染等。工程项目里程较长的,项目部一般应设在项目线路的中间位置;工程项目中含有重大结构物,如特长隧道,项目部在有条件时可尽量靠近重大结构物设置。

2)仓储场所设置原则与选址要求

仓储场所现场示意图例详见附录附图1~附图8。

仓储场所设置原则:

(1)承包人应根据设备材料的类别、数量、大小、仓储条件、到场时间等情况设置若干设备材料仓储场所,原则上分为室内库房、有遮蔽设施的仓储地,以及露天仓储堆放地三类。根据机电设备安装现场条件与房建界面条件，承包人可以在工期计划允许的时候，充分利用已提交的房建设施进行设备材料仓储，但不得影响该场所内设备材料安装界面；不受其他界面工程影响的立柱、杆件、门架结构等大宗物品材料，允许设备材料零库存，在具备安装界面条件的情况下，可直接运输至现场进行验货与安装，但未经批准不得在现场进行隔夜存放，以免影响现场其他承包人的施工作业。所有设备材料的仓储方式和位置均应在施工组织与各分项工程进度计划中详细描述，并上报监理工程师批准。

(2)仓储场所的选址要求离安装现场距离较近，符合设备材料的仓储条件，相对集中，有便利的进出通道，存放现场安全可靠，设有专人管理。

仓储场所选址要求：

(1)室内库房。室内库房应与项目部同址建设，主要用于存放仓储条件要求较高的精密贵重仪器等设备材料。

(2)有遮蔽设施的仓储地。有遮蔽设施的仓储地主要用于堆放既不便于室内库房存放又不允许露天存放的设备材料，包括机柜、支架、电缆等大宗商品；该类仓储地应选择在邻近设备材料安装位置相对集中，现场有便利进出通道，周边治安良好，不易被盗且面积足够大的场所或场地。

(3)露天存放地。允许露天存放且需要动用大型设备吊装，现场不易被盗走或不易被现场破坏的材料，可选择露天集中堆放；该堆放地应选择在邻近设备材料安装位置相对集中，现场有便利的进出通道，周边治安良好，不易被盗且面积足够大的场所或场地，并要求堆放地应设置围栏设施。

(4)其他仓储方式和场所。利用已移交的分中心、收费站、配电房、监控机房等房建场所存放设备材料时，应确保在设备材料进场前相关房建设施已完成，并移交机电承包人使用，否则承包人应自行建设或安排仓储场所。

承包人未经批准不得利用沿线隧道或桥梁进行设备材料存储，以免影响其他承包人的施工作业、安全和场地美观等。确实需要利用隧道堆放设备材料时，应报经监理和业主批准，不得影响其他承包人现场施工，且堆放现场应设置周全的交通安全设备与防盗措施。

3)项目部驻地设施建设

承包人应按照合同文件有关规定，租用或临时自建项目部驻地设施，包括项目部办公室、员工宿舍、会议室、食堂、室内库房等用房。要求办公室、会议场所、室内库房与生活场所分离或分层布设，避免相互干扰。项目部建设示意图详见附录附图9~附图19。

项目部用房面积和设施应满足项目部现场管理标准化要求。

办公室：项目经理、总工单独设置办公室，每间不少于12m^2；配备必要的办公桌椅、电脑、打印机、复印机、文件柜、网络端口、空调或风扇等设施。

综合部：面积不少于12m^2；配备必要的办公桌椅、电脑、打印机、复印机、文件橱柜、网络端口、保险柜、空调或风扇等设施。

工程技术部：面积不少于12m^2；配备必要的办公桌椅、电脑、打印机、复印机、文件橱柜、网络端口、空调或风扇等设施。

合同计量部：应符合财务管理的相关规定，面积不少于12m^2，必要时应设置现金室；

配备必要的办公桌椅、电脑、打印机、复印机、文件柜、网络端口,以及保险柜、空调或风扇等设施。

设备采购与仓储部:面积不少于 12m^2;配备必要的办公桌椅、电脑、打印机、复印机、文件柜、网络端口、空调或风扇等设施。

文档室:应单独配备,面积不少于 12m^2,并具备文档相存放的条件;配备文件存放柜、空调或风扇等设备。

会议室:项目部应配备 1 间会议室,面积应满足业主、监理、设计代表、项目部和其他承包人召开综合会议的要求,一般不少于 30m^2。

室内库房:面积不少于 100m^2。

4)设备材料仓储设施

为满足项目部设备材料和施工机械、仪器的仓储要求,承包人应在项目部驻地、沿线道路或结构物等主要设备安装地附近建设仓储场所,设专人现场看管,配备必要的消防设施;并建立规范的设备材料进出仓库登记制度。

(1)有遮蔽设施的仓储地:面积不小于 500m^2,地面应硬化,可防雨防风,排水畅通,配备必要的消防设施,设有进出管理值班室。

(2)露天堆放地:面积不小于 1 000m^2,地面应平整,排水畅通,周边建有围栏等隔离设施。

2.2.2 项目部制度

承包人项目部应按规范和相关规定建立各项规章制度,包括项目施工组织、进度计划,以及工程质量管理、进度管理、计量支付管理、廉政监督、资金监管、安全和环保等制度,以及相关业务部门的岗位职责、工作流程,并按规范规定在项目部、办公室和库房等地张贴或悬挂。

1)项目部驻地和仓储场地标牌

承包人项目部驻地和仓储场所应按照相关规范悬挂项目部牌和仓储场地标牌,且在项目部和仓储场地前醒目位置悬挂建设项目监督牌,监督牌的大小与标志内容应符合要求。

2)项目部管理制度

(1)项目经理室:办公室门口悬挂项目经理室牌,室内张贴项目经理岗位职责。

(2)总工办公室:办公室门口悬挂项目总工室牌,室内张贴项目总工岗位职责。

(3)综合部:办公室门口悬挂综合部牌,室内张贴各岗位人员的岗位职责和各类管理制度,包括安全委员会职责等。

(4)工程技术部:办公室门口悬挂工程技术部牌,室内张贴工程部负责人和专业工程师岗位职责以及工程质量保障体系、项目进度计划表、项目沿线设施图等。

(5)合同计量部:办公室门口悬挂合同计量部牌,室内张贴合同工程师、计量支付或财务人员岗位职责以及合同处理流程、计量支付流程、投资进度计划表、财务管理各项制度。

(6)设备采购与仓储部:办公室门口悬挂设备采购与仓储部牌,室内张贴相关人员岗位职责和各项管理规章制度。

(7)会议室:会议室门口悬挂会议室牌,室内张贴建设项目的概况说明、沿线设施图、形象进度计划表、投资进度表、项目部组织机构图与主要管理人员姓名、工程质量保证体系、安全管理制度、施工班组表等。

(8)文档室:文档室门口悬挂文档室牌,室内张贴管理人员岗位职责和文档管理的种类规章制度和流程。

3)仓储地管理制度

仓储场地门口悬挂项目名称、仓储场地名称标牌和建设项目监督牌;仓储管理员办公室悬挂管理员牌,室内张贴管理员岗位职责和设备材料进出库的各类登记制度和管理规章。

4)其他标志牌

在施工期间,施工企业应在项目部或工地醒目位置悬挂安全文明生产、质量管理、廉政建设等标牌标语。安全保障及环境保持宣传牌示意图详见附录附图20和附图21。

(1)项目驻地工程告示牌1块,标明工程名称、工程范围、建设单位、设计单位、质量安全监督单位、监理单位、施工单位、项目经理、技术负责人、安全负责人等内容,且样式规范,设置在项目部驻地室外。

(2)施工场地现场布置牌:采用电脑绘制,对施工现场的布置采用图示方式表达,注明位置、面积、功能。

(3)安全生产操作规程牌:主要明确施工各工序的安全生产操作规程及相关安全注意事项。

(4)廉政监督牌:主要明确施工廉政制度、廉政领导小组、廉政监督小组和廉政监督电话等。

(5)各种标志牌制作的尺寸、颜色、格式、安装方式和安装位置等应符合相关规定或习惯做法。

5)企业宣传和文明施工标志牌

(1)在项目部驻地和工地附近重要路口设置宣传栏。

(2)现场机械设备布置有序,必要时应悬挂安全操作规程。

(3)现场各种防火、防高空坠落、安全帽等安全标志牌按照国家有关规定统一制作,悬挂于工地醒目位置。

(4)现场设备材料的堆放,应严格按照有关设备材料堆放的规定进行。

6)施工人员统一着装和标志

施工人员应根据不同作业要求和工种,按作业规范和安全制度要求统一着装和标志,需要持证上岗作业的工种,相关人员应备齐或佩戴上岗证。

项目经理、总工和主要管理人员上岗前,还应按照福建省标准化施工要求参加岗前培训,经考试合格后方可上岗。

2.3 临时工程

(1)承包人在进行临时工程与设施的建设时,应遵守当地运输管理、公安、供电、电信、供水、环保等有关部门的要求和规定,并报监理和业主审批。

(2)承包人为实施永久性工程可建设必要的临时工程,包括项目部、工棚和仓库等。没有监理工程师批准,承包人不得随意在现场修建任何构造物,但临时工程的布置应与工程构造物保持一定的距离。承包人应将各种用地范围和办公室、仓库、工棚等布置平面图复印件保存在承包人的现场,以便监理工程师检查。

(3)在永久性工程完工时,承包人应移去、拆毁、清除或按监理工程师指示处理所有的临时工程。

2.4 施工用电

承包人的施工用电必须符合国家电力管理有关标准或业主和监理工程师的要求。经友好协商和监理批准,承包人可利用施工现场其他承包人的供电设施进行施工供电,但费用由机电承包人负担;现场没有可利用的电源时,承包人应配备足够容量的移动式发电机为施工供电。

2.5 施工通道及施工用地

(1)承包人建设施工通道、储存、堆料、办公室、居住设施、食堂等位置应在规定的区域内,并听从业主和监理工程师的指示。

(2)在项目开工前,承包人应向监理工程师提交一份所有设备和材料的储存、进入通道用地及建议位置。

(3)除非监理工程师同意,承包人不得用公共的或未经允许的私人的道路来储存或堆放设备、材料、工具及临时工程设备。承包人应尽量不干扰公共道路,并保持通行道路(不是由工程临时占用的)始终处于干净、可通行和安全状态。

(4)如果承包人利用未竣工道路作为通道或进行施工运输,那么工程完工后,承包人应负责保养维护这些道路,并将其恢复到原来状态。

(5)如果承包人决定对通道进行改造,那么承包人应在道路使用完毕后将道路恢复到最初的状态或恢复到业主和监理工程师指定的状态。

(6)除非合同另有规定,承包人依照本款开展的所有工作费用均被认为已包含在相关永久工程之中。

3 施工组织

3.1 概述

(1)承包人应在工程实施之前,提交一份参与完成本项目施工的组织机构图和主要管理人员表。该表应列明主要人员的姓名、资历和工作经验,每位参加者所担任组织机构的岗位、职责、权力和主要工作内容。所有主要人员的变更或人员增减都应提交业主和监理工程师审批。

(2)承包人项目经理、总工和安全员应常驻现场,便于直接与业主、监理工程师联系,解决合同执行中出现的任何问题,接受并执行业主和监理工程师的所有指示和通知。

(3)在施工安装工作开始前,承包人应获得实施工程所需的所有审批的证书,并应符合政府部门有关施工安装的所有规定。

3.2 施工组织和进度计划编制

承包人进场开展项目部驻地建设后,应立即组织人员根据合同文件与工程现场勘察情况、工期目标、质量标准、界面工程进度等条件开展施工组织和进度计划编制。机电承包人编写的施工组织和进度计划,应上报监理和业主进行详细的审查,经过审查批准后的施工组织和进度计划,即作为施工组织管理的主要依据。

施工组织和进度计划内容包括:

1)工程概况

应包括工程基本概述、机电工程范围和施工条件等。

2)施工目标

(1)工期控制,主要针对合同要求的施工工期。

(2)质量等级控制,包括工程验收质量标准与等级要求。

3)施工组织管理

(1)确定施工组织管理目标。应明确施工组织管理应达到的各项管理目标和要求。

(2)确定施工管理作业内容。应包括项目施工安全、质量、进度、现场、成本进行全面控制的措施与要求。根据项目各分项工程的施工内容与专业特点,明确各专业系统负责人。负责人在确保质量的前提下全面负责系统安装、调试,并着重抓好以下几个方面的工作:进度计划管理、施工技术管理、质量管理、劳动力组织计划管理、材料设备管理、安全生产管理、文明施工管理、专业施工管理、项目技术资料管理、工程成本管理、配合协调管理和岗位职责管理等。

(3)确定施工管理组织机构。承包人应在项目部及相关职能部门的基础上,组建机电工程专业施工班组和培训组、售后服务组。项目经理代表承包单位全权负责管理项目的施工工作,全权处理与工程有关的一切事宜,对工程安全、质量、工期等全面负责。项目总工程师全面负责技术工作,同时在项目部下设业务职能部门,负责项目的全部业务工作。

各施工班组的组建应遵循专业化、标准化和精细化的原则,专业班组的设置应合理可行,规模适当,便于现场管理控制。各专业施工班组的主要人员构成应明确,包括设备厂商技术人员与外雇劳务人员。

(4)制订管理工作流程及考核标准。

4)施工方案

应根据各分项工程的工程量、工程界面的划分以及工程的特点、重点和难点,结合总体工期要求,合理采取针对各具体细项工程的安装、调试方法。

(1)确定施工起点流向。

(2)确定施工程序。

(3)确定施工方法。

(4)确定安全施工措施。

(5)常用施工方案的选择。

(6)施工方案主要指标的评价。

5)施工进度计划

承包人应根据合同规定与业主要求的总体进度目标,编制总体施工进度计划和分项工程的详细施工进度计划。

总体施工进度计划应体现总体进度目标的实现。

分项工程进度计划应明确各分项工程的施工流程时间安排和界面条件,包括分项工程施工准备,界面条件,施工现场的检查和场地清理,承担施工任务的专业施工班组,施工人员构成与数量,施工机械和仪器配置,施工时间与工期等。

6)施工质量措施

明确机电工程施工质量管理体系和分项工程的质量保证措施。

7)安全和环保措施

明确机电工程施工安全、环境保护管理体系和分项工程的安全环境保护措施。

8)廉政监督和工程资金监管措施

明确机电工程施工廉政监督措施和工程资金监管措施,确保工程施工所需的资金专款专用,工程资金及时到位,不拖欠农民工工资等。

9)售后服务承诺

为保证本工程在缺陷责任期的正常运行,施工单位应建立适用于本工程的缺陷责任期服务机构,为业主提供免费服务以纠正、修复或更换制造和设计上的缺陷。在缺陷责任期,施工单位应采取相应合理的服务计划及保证措施。

4 施工准备

4.1 开工申请

(1)开工申请报告。承包人应在合同签订后组织编制项目总体开工申请报告,报告应详细说明项目部机构组成,管理人员和施工人员安排,驻地建设位置和方案,详细的施工组织,总体进度计划和分项工程进度计划,界面工程进度要求,工程施工所需的施工道路、临时设施、材料设备、施工人员等施工组织措施的落实情况等。开工申请报告须经监理工程师审查批准。

(2)分项工程开工报审表。承包人应在分项工程开工前14d向监理提交分项工程开工报审表。分项工程开工报审表应详细描述分项工程的界面条件、设备材料准备情况、施工计划安排、施工班组人员构成、现场安全环保措施和质量控制方法等内容,开工报审表经监理工程师审查批准后,分项工程方可施工。

(3)中间开工报审表。长时间因故停工或休假(7d以上)重新施工前,或重大安全、质量事故处理完后,承包人应向监理人提交中间开工报审表。

(4)工程报告单。承包人应按合同条款规定向监理人提供不同项目和内容的工程报告单供审批。报告单的主要项目为:各种测量、试验、材料检验、各类工程(分工序)检验、工程计量、工程进度、工程事故等报告单,或监理指定需要提供的其他报告单。

4.2 进度计划编制

(1)按合同条款规定,承包人应在签订合同协议后28d内,编制详细的施工进度计划和施工方案说明且须报送监理批准。经监理批准的施工进度计划称为合同进度计划,是控制合同工程进度的依据。承包人还应根据合同进度计划,编制更为详细的分阶段或分项工程进度计划,报监理审批。

(2)合同进度计划应按照关键线路网络图和主要工作横道图两种形式分别编绘,应包括每月预计完成的工作量和形象进度。所提交的关键线路网络图、主要工作横道图中的施工内容和名称应与工程量清单中的项目一致。关键线路与里程桩号的相关联系必须清楚标明。年、月、旬或周的计划任务(工程量和价值)、资源需求及累计进度必须清楚标明。提交计划时,应将制订依据、逻辑说明、资金流量、资源供应等柱状图表及其设计数据的副本等一并提交。

(3)不论何种原因造成工程的实际进度与合同进度计划不符时,承包人应在实际进度发生滞后的当月25日前向监理提交修订合同进度计划的申请报告,并附有关措施和相关资料;监理也可以直接向承包人作出调整合同进度计划的指令;承包人应按监理指令修订合同进度计划。承包人调整合同进度计划的报告应报监理和业主批准。

(4)施工方案说明包括形象进度图(柱状图表)和资金流量表,如出现以下几种情况时,应予以修改,即:

①承包人改变了方案的逻辑线路或改变了其建议的施工程序。

②施工期无任何理由产生延误。

③实际工程进度与计划进度严重不符或监理认为有必要修改时。

④分部工程和分项工程施工计划需要调整的其他情况。

承包人应根据合同进度计划,制订各分部工程的施工计划和某些分项工程的施工计划,并在该分部工程和分项工程开工前14d报请监理批准。承包人在施工过程中必须严格执行监理批准的施工计划;若发现需要调整或修改时,应再次报请监理批准。如承包人未按批准的施工计划施工,监理有权责令其立即纠正或令其暂时停工。

(5)编制施工方案说明使用的全套软件,应报经监理批准,并向监理提交拷贝,供执行合同时使用。编制施工方案柱状图表、资金流转表以及提供软件所发生的一切费用应由承包人负担,即此费用是包括在合同单价之内,不另行计量与支付。

(6)承包人必须按照合同进度计划和施工方案说明的要求确保足够的施工力量和资源的投入,并及时到位。监理应依据合同条款督促工程的实施进度和施工投入情况。

(7)根据工程建设管理信息化的要求,承包人应配备专门信息人员开通和维护机电工程建设管理信息化系统。

①承包人应统一配备发包人指定的工程管理软件系统,并建立网络系统。网络带宽不宜小于10M。

②承包人应根据工程管理软件系统的要求配备专用计算机网络设备。计算机的硬件及软件配置应满足工程管理软件系统顺畅运行的要求。

③工程管理软件系统应由专人负责操作,并应保持系统的安全性和稳定性,定期更新杀毒软件和进行系统维护,备份相关管理数据。

4.3 专业分包与人员培训

(1)承包人专业分包和劳务分包应按照合同条款第4.3款的相关规定执行。经监理和业主批准的专业分包项目应纳入承包人的管理,严格按合同规定执行。

(2)承包人应加强现场施工人员(包括劳务人员)的岗位和技能教育,加强质量、安全知识的岗位培训,做到人人懂质量、人人抓安全、科学管理、文明施工。

(3)工程管理人员和施工人员,包括设备厂商的技术人员,应严格按照批准的施工进度计划组织到位。

4.4 施工机械与仪器设备

1)一般要求

(1)用于工程施工的一切施工机械,必须类型齐全、配套完整并与施工质量和进度相适应,其机械状况应满足工程要求,并能作出保证质量的作业。

(2)施工机械的使用与操作,应不使路基、路面、结构物、邻近的公用设施、财产或其他公路受到损伤、损坏或造成污染。

(3)承包人承诺的施工设备必须按时到达现场,不得拖延、缺短或任意更换。尽管承包人已按承诺提供了上述设备,但若承包人使用的施工设备不能满足合同进度计划和质量要求时,监理有权要求承包人增加或更换施工设备。承包人应及时增加或更换,由此增加的费用或延误的工期由承包人承担。

2)规范规定的施工机械

(1)如规范要求某项作业需由某种施工机械来完成,则必须使用该种施工机械,除非监理批准使用其他机械。

(2)如果承包人要求使用非规范所规定的施工机械,则应向监理提交书面申请,对替换使用的施工机械应充分说明和解释作出这一变动的原因。

(3)上述书面申请必须获得监理批准后,替换的施工机械方可投入使用。同时,丝毫不能免除承包人按合同所规定的任何责任或义务。

(4)如果替换的机械经试用后,监理判定其作业成果不能满足规范要求,承包人应中止使用该替换机械,并应按照监理指示仍使用规范要求的施工机械进场,发生的费用由承包人负担。

(5)根据工程的实施,承包人在提交施工进度计划时应附上一份详细的进场施工机械表。表中应包括各种机械的型号、能量、功率、产地、出厂日期、数量以及进入工地的日期,并报监理人批准。承包人应在监理批准的时间内将表列所有施工机械装备运至工地。没有监理的书面同意,承包人不得将施工机械运出工地。

(6)施工机械与仪器设备应处于完好状态,并按相关规定及时开展了鉴定或精度标定,并确保在有效期内。

4.5 为业主提供交通服务

(1)根据合同规定,承包人为业主提供工程施工管理车辆服务的,应在交工验收前,为这些车辆提供日常维修和保养服务,保证其正常使用。

(2)在合同履行期间,承包人应负责为这些车辆提供牌照、注册、执照、燃料、润滑油和驾驶、年检等服务(包括交纳各种税费、保险费等一切费用)。

(3)按本条规定承包人为业主配备的车辆应是新的。这些车辆应在合同签订之后30d内提供给业主使用。

4.6 许可证、证明的批复

(1)承包人应从当地政府、行政机关及其他有关的团体或有关方面取得工程施工所需的所有许可证、证明书和其他类似的书面承诺。如果有要求,承包人应向业主和监理工程师提交相关许可证及证明文件。

(2)进口设备和材料,承包人应负责从我国相关机构获得的设备所需的审批、操作证书或类似材料。获得审批、操作证书等材料所需的费用应包括在合同总价中。业主和监理工程师将为承包人获得上述审批或证书提供必要的协助材料。由于没有得到所需的证书或审批而延误工期或增加费用由承包人自己承担。

(3)本合同要求提供的设备和系统必须通过我国有关机构进行型式测试或产品审批。未通过型式测试或产品审批的设备和系统,应委托官方批准的独立测试机构开展测试工作。

(4)所有专利产品应经业主和监理工程师审批。由于承包人未能提交详细的审批材料而造成的工期延误由承包人自己负责。承包人应保证专利产品生产厂家了解设备运输、储存、安装、测试、试运转、运行操作方面的要求与建议。

4.7 工程保险

(1)承包人应按照合同保险条款的相关规定,以及《关于我省高速公路在建工程保险有关事宜的通知》执行。

(2)保险补偿之前,承包人有义务按照监理工程师要求先行修复,确保系统和设备正常运行,满足运营要求。

5 工程进度管理

5.1 进度照片和记录

(1)承包人应保存和提供工程各阶段实施进度的照片、录像等影像资料,关键性施工程序和隐蔽工程应用摄像机连续拍录像。照片保存数量与摄影的位置要足够多,以确切记录工程进度。拍摄日期应记录在照片上,每张照片都应贴有清晰打印的关于拍摄位置、项目名称和工程特性的说明。承包人应提供相册存放照片,该相册为业主的财产。

(2)未经业主批准,承包人不得发表任何资料、刊物、文件或以任何方式发表包含工程技术细节的文章。

(3)承包人应无偿提交每一张照片的拷贝,供业主保存。

(4)承包人应保存和管理好工程进度记录资料,这些资料包括对工程进度的评估和进行工程质量评定所必需的材料以及施工机械与设备资源使用情况。在工程交工时,这些记录连同竣工资料一起上报业主和监理工程师审批。

5.2 工程进度报告

(1)承包人应根据合同条款规定和要求,定期编制进度报告。在工程实施早期,允许每月向监理和业主提交一份详细的工程实施进度报告;在施工高峰期,必须按旬或周提供进度报告。

(2)承包人编制的进度报告应对照批复或调整后的合同进度计划所约定的任务目标和节点时间进行编制,详细描述当期工程实施的实际进度及相关证明材料,并编列工程进度与计划比较表和累计进度表。

(3)工程进度如滞后于合同进度计划,承包人应认真分析滞后的原因和可能的后果,并提出加快进度的措施和调整进度计划,确保下一阶段进度满足进度目标的要求。

6 工程变更管理

6.1 变更范围

除专用合同条款另有约定外,在履行合同中发生以下情形之一,应按照本条规定进行变更。

(1)取消合同中任何一项工作,但被取消的工作不能转由发包人或其他人实施;由于承包人违约造成的情况除外。

(2)改变合同中任何一项工作的质量或其他特性。

(3)改变合同工程的基线、高程、位置或尺寸。

(4)改变合同中任何一项工作的施工时间或改变已批准的施工工艺或顺序。

(5)为完成工程需要追加的额外工作。

6.2 变更程序

1)变更申请

(1)在合同履行过程中,发生合同条款第15.1款约定情形的,监理人可向承包人发出变更意向书。变更意向书应说明变更的具体内容和发包人对变更的时间要求,并附必要的图纸和相关资料。变更意向书应要求承包人提交包括拟实施变更工作的计划、措施和竣工时间等内容的实施方案。发包人同意承包人根据变更意向书要求提交的变更实施方案的,由监理人按合同条款第15.3.3项约定发出变更指示。

(2)在合同履行过程中,发生合同条款第15.1款约定情形的,监理人应按照合同条款第15.3.3款约定向承包人发出变更指示。

(3)承包人收到监理人按合同约定发出的图纸和文件,经检查认为存在合同条款第15.1款约定情形的,可向监理人提出书面变更建议。变更建议应阐明要求变更的依据,并附必要的图纸和说明。监理人收到承包人书面建议后,应与发包人共同研究,确认需要变更的,应在收到承包人书面建议后的14d内作出变更指示。经研究后不同意作为变更的,应由监理人书面答复承包人。

(4)若承包人收到监理人的变更意向书后认为难以实施此项变更,应立即通知监理人,说明原因并附详细依据。监理人、承包人和发包人共同协商后,确定撤销、改变或不改变原变更意向书的决定。

2)变更估价

(1)除专用合同条款对期限另有约定外,承包人应在收到变更指示或变更意向书后的14d内,向监理人提交变更报价书。报价内容应根据合同条款第15.4款约定的估价原则,详细开列变更工作的价格组成及其依据,并附必要的施工方法和有关图纸。

(2)变更工作影响工期的,承包人应提出调整工期的具体细节。监理人认为有必要时,可要求承包人提交要求提前或延长工期的施工进度计划及相应施工措施等详细资料。

(3)除专用合同条款对期限另有约定外,监理人收到承包人变更报价书后的14d内,根据合同条款第15.4款约定的估价原则,按照合同条款第3.5款商定或确定变更价格。

3)变更指示

(1)变更指示只能由监理人发出。

(2)变更指示应说明变更的目的、范围、变更内容以及变更的工程量及其进度和技术要求,并附有关图纸和文件。承包人收到变更指示后,应按变更指示进行变更工作。

4)设计变更程序

设计变更程序应遵照《公路工程设计变更管理办法》执行。

6.3 变更估价原则

(1)如果取消某项工作,则该项工作的总额价不予以支付。

(2)已标价工程量清单中有适用于变更工作子目的,采用该子目的单价。

(3)已标价工程量清单中无适用于变更工作子目的,但有类似子目的,可在合理范围内参照类似子目的单价,由监理人按合同条款第3.5款商定或确定变更工作的单价。

(4)已标价工程量清单中无适用或类似子目的单价,可在综合考虑承包人在投标时所提供的单价分析表的基础上,由监理人按合同条款第3.5款商定或确定变更工作的单价。

(5)如果本工程的变更指示是因承包人过错、承包人违反合同或承包人责任造成的,则这种违约引起的任何额外费用应由承包人承担。

6.4 暂列金额和暂估价项目

(1)暂列金额应由监理人报发包人批准后指令全部或部分地使用,或者根本不予动用。

(2)对于经发包人批准的每一笔暂列金额,监理人有权向承包人发出实施工程或提供材料、工程设备或服务的指令。这些指令应由承包人完成,监理人应根据合同条款第15.4款约定的变更估价原则和合同条款第15.7款的规定,对合同价格进行相应调整。

(3)当监理人提出要求时,承包人应提供有关暂列金额支出的所有报价单、发票、凭证和账单或收据,除非该工作是根据已标价工程量清单列明的单价或总额价进行的估价。

(4)发包人在工程量清单中给定暂估价的材料、工程设备和专业工程属于依法必须招标的范围,并达到规定的规模标准,由发包人和承包人以招标的方式选择供应商或分包人。发包人和承包人的权利义务关系按专用合同条款中的约定执行。中标金额与工程量清单中所列的暂估价的金额差以及相应的税金等其他费用列入合同价格。

(5)发包人在工程量清单中给定暂估价的材料和工程设备不属于依法必须招标的范围或未达到规定的规模标准,应由承包人按合同条款第5.1款的约定提供。经监理人确认的材料、工程设备的价格与工程量清单中所列的暂估价的金额差以及相应的税金等其他费用列入合同价格。

(6)发包人在工程量清单中给定暂估价的专业工程不属于依法必须招标的范围或未达到规定的规模标准的,由监理人按照合同条款第15.4款进行估价,但专用合同条款另有约定的除外。经估价的专业工程与工程量清单中所列的暂估价的金额差以及相应的税金等其他费用列入合同价格。

7 工程质量管理

7.1 工程质量管理原则

1)工程质量要求

(1)工程质量验收按合同约定验收标准执行。

(2)因承包人原因造成工程质量达不到合同约定验收标准的,监理人有权要求承包人返工直至符合合同要求为止,由此造成费用的增加或工期延误由承包人承担。

(3)因发包人原因造成工程质量达不到合同约定验收标准的,发包人应承担由于承包人返工造成的费用增加和(或)工期延误,并支付承包人合理利润。

2)承包人的质量管理

(1)承包人应在施工场地设置专门的质量检查机构,配备专职质量检查人员,建立完善的质量检查制度。承包人应在合同约定的期限内,提交工程质量保证措施文件,包括质量检查机构的组织和岗位责任、质检人员的组成、质量检查程序和实施细则等,报送监理人审批。

(2)承包人应加强对施工人员的质量教育和技术培训,定期考核施工人员的劳动技能,严格执行规范和操作规程。

3)承包人的质量检查

承包人应按合同约定对材料、工程设备以及工程的所有部位及其施工工艺进行全过程的质量检查和检验,并作详细记录,编制工程质量报表,报送监理人审查。

4)监理人的质量检查

监理人有权对工程的所有部位及其施工工艺、材料和工程设备进行检查和检验。承包人应为监理人的检查和检验提供方便,包括监理人到施工场地或制造、加工地点或合同约定的其他地方进行查看和查阅施工原始记录。承包人还应按监理人指示,进行施工场地取样试验、工程复核测量和设备性能检测,提供试验样品、提交试验报告和测量成果以及监理人要求进行的其他工作。监理人的检查和检验,不免除承包人按合同约定应负的责任。

5)工程隐蔽部位覆盖前的检查

(1)通知监理人检查。经承包人自检确认的工程隐蔽部位具备覆盖条件后,承包人应通知监理人在约定的期限内检查。承包人的通知应附有自检记录和必要的检查资料。监理人应按时到场检查。经监理人检查确认其质量符合隐蔽规定的要求,并在检查记录上签字后,承包人才能进行覆盖。监理人检查确认质量不合格的,承包人应在监理人要求的时间内修整返工后,由监理人重新检查。

(2)监理人未到场检查。监理人未按合同条款第13.5.1项约定的时间进行检查的,除监理人另有指示外,承包人可自行完成覆盖工作,并作相应记录报送监理人,监理人应签字确认。监理人事后对检查记录有疑问的,可按合同条款第13.5.3项的约定重新检查。

(3)监理人重新检查。承包人按合同条款第13.5.1项或合同条款第13.5.2项覆盖工程隐蔽部位后,监理人对质量有疑问的,可要求承包人对已覆盖的部位进行钻孔探测或揭开重新检验,承包人应遵照执行,并在检验后重新覆盖恢复原状。经检验证明工程质量符合合同要求的,由此增加的费用或工期延误由发包人承担,并支付承包人合理利润;经检验证明工程质量不符合合同要求的,由此增加的费用和(或)工期延误由承包人承担。

(4)承包人私自覆盖。承包人未通知监理人到场检查,私自将工程隐蔽部位覆盖的,监理人有权指示承包人钻孔探测或揭开检查,由此增加的费用或工期延误由承包人承担。

6)清除不合格工程

(1)承包人使用不合格材料、工程设备或采用不适当的施工工艺造成工程不合格的,监理人可以随时发出指示,要求承包人立即采取措施进行补救,直至达到合同要求的质量标准,由此增加的费用或工期延误由承包人承担。

(2)由于发包人提供的材料或工程设备不合格造成的工程不合格,需要承包人采取措施补救,由此增加的费用或工期延误由发包人承担,发包人还应支付承包人合理利润。

7.2 一般施工质量要求

1)系统运行环境要求

本工程所选用的设备能在本合同规定的环境条件下,全年每天24h连续运转。

2)设备的工作条件

由于夏秋常有暴雨,并伴有雷击,承包人选用的外场设备应具有相应的抗恶劣环境工作的能力。除技术规范另有说明外,设备的工作条件和测试条件为:温度,-10~+65℃;相对湿度,30%~95%。

承包人应在投标文件中说明安装设备是否包括空调、强制通风制冷或制热系统,若包括应给出安装这些设备的理由,以及所要消耗的电力和防护条件等资料,将费用列入工程报价中,业主将不再追加任何环境改善施工费用。

监控、通信、收费(分)中心、收费站、收费亭及隧道管理所监控室、通信室内应装有空调,室内环境条件如下:室内温度为18~26℃;相对湿度为50%±20%。

室内应有统一工作接地点,强电接地电阻小于4Ω、弱电接地电阻小于1Ω、联合接地电阻小于1Ω、防雷接地电阻小于10Ω。室内交流配电盘的标准电源应为220VAC或380VAC,50Hz电源。系统整体配电至少有一路市电电源,一路发电机电源,关键设备采用 UPS 电源供电。

3)光(电)缆线施工要求

缆线末端应加以处理,承包人须说明缆线末端的施工方法,所用的方法应避免伤害导体。与设备连续的电缆在设备附近、适当的位置处,应附加清晰、固定的标签。

缆线应避免暴露于设备的边缘或其他可能损害缆线的环境中,所有缆线均整齐排列并稳固地设置,避免接线端子承受到缆线的质量。接线端子应按接线图加以标示,标示方式需于施工前提送业主核准,带电金属须隐藏或保护以避免意外触电。

4)接地

所有暴露在外不构成电气回路的金属部分包括设备箱体及电缆金属支撑物等均须接地。

5)雷击及异常电压的保护

所有与屋外电缆连接的设备须加装避雷器,防止设备因电力线、通信线或其他暴露于外的缆线受到雷击而破坏。

每一条电源线进入外场设备接线箱(盒)处,应装设过电压保护器,避免设备因可能出现的各种瞬变、超压及雷击造成的损害。

6)组件

所有设备、元件、插头、插座及其他材料均须符合技术规范要求,除非另外说明,均以10年以上的生命期为设计要求。在充分考虑机柜或箱体外的温度、湿度、环境状况下,所有元件均须良好运作。

所有元件均须在设计额定值内使用。在连续运行时设备内元件的表面温度不得超过其规定值。

所有设备使用的印刷电路板应选择合适的材质和保护材料,防止水汽侵入。

7)设备箱体

(1)所有设备的机械及电气均应设防护,以保障附近人员的安全。安装在公众可进入的区域设备还应加以封闭且外形圆滑平整,避免危及公众安全。

(2)箱体门的大小应完全涵盖箱体前面板,容许维护人员接触整个箱体内部。

(3)所有设备机箱均应配备锁及钥匙,以利日后维护,各类锁应依据箱体数量缴交钥匙。

(4)所有外场设备的箱体应设置防水、防尘的构造。

(5)所有外场设备的箱底应预留适当的缆线出入口,并附止水胶垫,安装后箱底应进行密封。

(6)所有箱体外面,应设有铭牌,注明箱名、维修单位、电话等。标示及固定方式由承包人提供。

8)设备供电

所有设备的输入电源,除接至避雷器外,须经保险丝、电源开关或断路器等才可引接至其他电气设备。所有设备的输入电源电压需加说明,标明是交流电还是直流电。

9)干扰防制

所有设备应根据规范规定要求具有无线电干扰抑制措施,防止因辐射、感应或传导而干扰其他设备的运作。

7.3 设备材料工厂监造和质量测试

7.3.1 概述

(1)业主和监理工程师的代表应参加设备的工厂测试,承包人应尽可能把相关测试安排在一起。

(2)业主和监理工程师应确定机电设备和材料的工厂测试和检查的具体时间、测试内容、测试方法。承包人应在业主和监理工程师进行检查和测试之前协调相关分包人和供货商,做好测试准备工作。

(3)承包人应将设备、材料测试的内容及时间在工程进度计划中详细说明,并在正式测试前两周再进行确认,以便业主和监理工程师安排日程。

(4)承包人应在工厂测试前14d,书面通知业主和监理工程师将要进行测试的全部细节,其中至少包括:

①数量,包括铭牌的细节。

②外部涂层。

③工艺质量。

④正常运行试验。

⑤安全装置试验。

⑥性能试验。

⑦其他性能指标。

(5)业主代表和监理工程师赴承包人或制造商的工厂开展设备检查和测试所需的费用,包括交通费(包括往返机票)、食宿费(住宿标准不低于三星级宾馆)、出差津贴及健康保险等,应在合同规定的相关暂定金中列支。除此以外,承包人及其分包商、供货商、制造商为开展工厂检查与测试所需的其他相关费用由承包人承担。

根据合同规定或监理工程师指定需要工厂检查与测试的设备材料,应通过工厂检查与测试合格后才能交付运输。

(6)业主和监理工程师同意通过工厂的测试,并不能推卸承包人按合同完成所有工程的责任,也不能解脱合同规定的任何义务。

7.3.2 工厂测试

(1)承包人应提交一份详细的测试清单,说明各项试验所采用的方法和所需时间。试验时间应满足承包人完成规定的测试要求。

(2)测试内容与测试方法应根据上述要求提交详细说明,并按业主和监理工程师批准的测试大纲开展工作。未经业主和监理工程师事先批准,不得擅自更改。

(3)工厂测试分以下三种试验:

①环境测试:包括高低温、振动、湿度、耐久性等例行试验。

②技术测试:包括单项设备的功能和技术性能指标测试等。

③系统测试:包括分系统、系统的功能和运行测试等。

(4)工厂测试工作应在承包人专业工程师的指导下进行,该工程师应具有大学本科以上学历和至少5年的专业工作经验。

(5)承包人应负责并承担各测试数据的记录。测试合格后10d内,承包人应提交两份正式的测试报告和图表,报业主和监理工程师批准。如果业主和监理工程师未参加现场测试,承包人还应将测试记录原稿提供给业主和监理工程师,当业主和监理工程师批准测试报告后,即认为该设备材料测试合格,承包人可交付装运。

(6)如果在测试期间出现故障,应对业主和监理工程师解释和说明故障的详细情况。由业主、承包人和监理工程师决定该故障是被忽略,还是在继续测试之前该故障必须被排除。

(7)测试期间出现的故障如不影响系统的正常操作,在测试完成以前无需加以排除。如果有影响,业主和监理工程师应决定哪项测试或测试的哪部分必须重新进行。

(8)需重新测试所花费的时间不考虑在测试时间之内,重新测试所花费的所有费用均由承包人承担。

(9)如果业主和监理工程师确认设备与合同要求不一致,即设备工厂测试不通过。承包人应在14d内,说明理由并采取补救措施,以满足合同要求。

(10)业主和监理工程师应通过书面方式把发现的小故障(在装运前都必须予以排除)通知承包人。

(11)工厂测试合格并不排除承包人在设备运输、安装过程中的责任。

7.3.3 质量保证

1)厂商资格

机电设备、材料供应厂家至少要有5年制造类似设备、材料的经验。电子设备、材料厂家至少要有5年的实践经验。

2)铭牌

各项设备都应附有铭牌,注明厂商名称、产品系列号与型号、制造日期。

3)材料与工艺

(1)除非在本技术规范中另有规定,所有设备、材料及工程中使用的产品都应是新型的编目标准产品,且其等级适用于本工程。采用的具有商标名称、制造或分类号的任何设备、材料、产品或专利工艺应具有一定的质量标准。承包人也可采用其他质量相同的设备、材料、产品或工艺,但需经监理工程师的书面批准。

(2)应尽量避免使用相邻不同电气性能的金属,使其电化电位差不得超过250mV。如达不到此要求,将其中一种或两种接触面应加电镀,降低其电位差以符合要求;或采用批准的方法使两种金属互相绝缘。

(3)本合同所有工作应按最合理的工艺技术来完成。监理工程师可以书面形式向承包人提出撤换任何技术不熟练、工作不细致或不称职的雇员。

4)出厂质量检测报告与合格证

设备、材料均应有产品鉴定书或生产许可证,并附厂商出具的同批次产品的出厂质量检测报告或合格证。

5)工艺规程要求

(1)所有机电设备的外观和颜色应由业主和监理工程师选择,设备外表层的处理和喷漆的工艺规程应符合规范规定的要求,并由监理工程师批准。

(2)在缺陷责任期开始之前,若发现设备表层处理和喷漆存在缺陷与损坏,承包人应重新进行表层处理和喷漆工作,满足监理工程师的要求。

(3)所有设备的性能应不受邻近桥梁和隧道照明、电磁辐射等的影响,同时也不应影响本系统设备或其他设备的性能。如果需要电子滤波器来保证设备性能,承包人应提供和安装适合的滤波器。

(4)所有机电设备要保证其附近人员的安全。位于公众区域的设备要封装起来,封装应表面平滑,防止灰尘、湿气进入产生损坏。其设备的门应选配钥匙。

(5)类似的工艺规程,应遵循经监理工程师批准的第一次作业样板程序施工。

(6)所有电缆布设图应根据每一种电缆的规格、直径和长度详细列明。

7.3.4 现场验收与质量抽检

(1)承包人设备、材料到达现场后,业主和监理工程师应在现场检查验收。检查内容包括设备品牌、型号、数量、装箱单、出厂质量检测报告或合格证、国外产品商检,还应对设备进行加电测试以确认其在运输过程中无损伤。承包人还应对在检查中发现的损坏和缺点进行修正和补救。

(2)在运输途中或在工地上受损的设备、材料,如无法修正和补救,监理工程师应予以拒绝或要求承包人予以更换。业主不承担由此而带来的额外费用,也不承担因此而延长工期的责任。

(3)业主和监理工程师对设备材料的质量有疑异时,可要求承包人将设备材料送专业机构检测。如检测合格,检测费据实从合同相关暂定金中列支;如不合格,应予以更换,相关检测费由承包人承担。

(4)检验费用根据检测合格与不合格划分,监理自配的仪器设备符合检测项目的要求,由监理单位自行承担检验工作;需要外委检验部分,经业主同意后委托检测费用从暂定金中列支。

7.4 工程质量评价

(1)单位工程:机电工程。

(2)分部工程:监控、通信和收费系统。

(3)分项工程:分部工程清单内各分项工程。

(4)质量标准:《公路工程质量检验评定标准》(机电工程)(JTG F80/2—2004);福建省机电工程质量检验评定表、设计说明、通用技术规范、投标文件、产品技术说明资料等。

(5)质量检测比例:承包人自检 100%,监理抽检 30%,业主与福建省高速公路建设总指标部抽检 10% ~30%。

(6)分项工程质量检验内容:基本要求;实测项目;外观鉴定;质量保证资料。

(7)评价办法:应遵照《公路工程质量检验评定标准》(机电工程)(JTG F80/2—2004)相关规定进行评价。

(8)质量评价(评分):按照相关规定,不小于 90 分为合格,检查项目权重和分项工程权重均为 1。

8 联合设计

8.1 一般要求

(1)承包人应根据其响应招标文件的系统方案和功能要求,或者投标时业主明确接受的比选方案进行详细的技术设计,包括系统设备和应用软件的技术设计。

(2)所有承包人提供的设计文件、图纸、设计说明、受力计算等设计资料均应由具有相关资质的单位编制或审核。

8.2 工程联合设计

(1)承包人应在合同生效后,立即组织具有相应技术人员和设备厂商技术人员,根据合同文件的规定和要求,以及业主的要求进行各系统详细技术设计。业主在各系统技术设计中应派人参与承包人完成各系统的功能、方案、外观设计、图案等方面的设计。业主参与技术设计的一切费用由承包人承担。

(2)联合设计应分系统进行,承包人应根据合同文件提供的技术规范、图纸、投标时业主接受的系统方案以及技术设计阶段业主提出的系统要求,尽快进行本工程各系统功能和要求的软件和硬件方面的详细技术方案设计。该技术设计主要包括系统技术方案、系统功能、系统的实现方式、设备的连接方式、设备详细配置、系统接口要求和系统软件等方面的详细说明和图纸描述及相关资料。

(3)承包人应按照施工组织计划中规定的提交时间向业主和监理工程师提交六份各系统技术设计文件,供业主、设计单位和监理工程师进行审查。技术设计文件审查后承包人应尽快修改完善,并按照设计图纸要求正式向监理工程师提交六份修改后的技术设计文件。技术文件审查过程中的审查会议组织费、专家审查费、专家食宿及交通费等由承包人负责,其费用包含在合同总价中。召开审查会议的时间、参与人员由业主选定。

(4)联合设计文件经业主和监理工程师批准后,承包人应尽快根据批准的技术设计图纸和文件完善各分项工程的设备制造加工图、施工安装方法、施工安装工艺图等施工安装图纸。

(5)即使联合设计文件审查通过并获得业主的批准,但不能解除承包人对执行合同工程的义务和责任。

(6)如果联合设计文件不能通过审查,承包人须按照招标文件的要求以及投标文件中的承诺重新开展技术设计,直至设计文件评审通过并获得业主的批准为止。这其间发生的一切费用均包含在合同总价中，由此而引起的工期延误等一切后果由承包人自行负责。

(7)设计程序：承包人应进行现场详细勘察与资料收集，提出方案优化和设备变更建议，编制施工安装图和设备采购清单。

(8)审查程序：监理和业主组织审核和现场复核，提出审核意见；由业主上报福建省高速公路建设总指挥部组织审查，承包人修改且经设计单位复核（出具意见）后提交设备采购、制造加工和安装施工，并作为设备材料进场验收的依据。

供配电标段在联合设计阶段至少应提供的内容：

①现场详细勘察资料。

②与设计单位图纸交底情况。

③供电部门审查意见。

④配电盘柜设计图、器件配置规范书。

⑤非标设备制造图。

⑥细化的设备安装图、优化方案施工图、施工难点补充大样图。

⑦按设备安装地点分列设备清单。

(9)现场勘察与资料收集：预留预埋设施、变配电房、监控室、通信机房、进线电源室、场区管道、接地、收费岛、收费棚、收费广场、沿线固定交通标志、隧道洞口广场、通信管线，以及统一软件界面要求和联网标准等，外供电源位置调查和核实，收集供电部门的相关管理要求。

(10)设备变更与方案优化：

①因投标设备不响应招标文件要求（偏差），联合设计应提供合格替代产品的技术说明书，以证明设备响应性，原则要求价格不变。

②由于供货、价格、售后服务等原因，需要更换其他品牌设备的变更，均属于承包人责任，要求其提供变更理由的证明材料，并提供替代产品的详细技术说明书，以证明性能与指标更高、更优。

③技术方案与施工方法优化，要求提供详细的优化方案技术、性能和经济优势方面的证明材料，以供联合设计审查。

④因预留预埋设施不足或不合格引起的设备增减和方案变更，应提供现场预留预埋设施的详细、调查情况与设计原图，若项目业主确实无法督促土建承包人完善的，方允许调整。

⑤因受道路或其他设施影响需要变更和调整，承包人应提供详细的现场勘察资料和其他设施的说明，且项目业主确实无法协调其他承包人或设计单位变更调整的，由机电设计单位变更。

⑥因项目业主或运营管理单位提出不同需要和优化方案的，机电设计单位应提出审核意见。

⑦其他变更原因。

8.3 施工方法和安装工艺

(1)承包人应根据监理工程师批准的联合设计文件和图纸进现场行测量定位和编制施工工艺图,以适应工程管理要求;还应将安装工艺图等设计图纸作为合同图纸的补充,根据施工组织计划中列明的时间将施工工艺图上报监理工程师审查批准。

(2)所有设备制造加工图、安装工艺图均应与技术规范的规定和监理工程师批准的联合设计保持一致。

(3)工程的设备制造加工图和安装工艺图包括由于施工需要由承包人提供的补充设计,如细部布置图、装配详图、安装图、设备表和规范中专门规定的须在某一工程项目施工前经监理工程师审查的其他资料。

(4)承包人应在定制设备或非标产品开始加工前28d向监理工程师提交设备的制造加工图,经监理工程师批准后,方可进行制造加工作业。承包人在单项工程现场安装开工前不少于28d,将此工程的安装工艺图报送监理工程师审批,经监理工程师批准后方能开始安装作业。

(5)安装工艺图应符合A3图纸的标准尺寸。每张图和计算表都应标有项目编号、名称及其他注释。承包人应至少向监理工程师提交六套图纸。

(6)工程中所有分项工程或设备的安装工艺图均应在监理工程师批复的项目施工进度计划中列明的该分项工程或者设备安装时间前28d提交监理工程师审批。

(7)承包人应按监理工程师要求提供一份各分项工程施工方法和安装工艺要求的说明和描述。其中,包括建议施工方法和安装工艺的详细解释,并按施工组织设计尽快由承包人用书面方式提交监理工程师审批。

(8)如果没有如期提交有关施工方法的陈述,或陈述中没有按照监理工程师的要求涉及细节内容,监理工程师可依据合同条款,指示承包人暂停工程,直到本条要求被执行。

8.4 软件设计

(1)计算机软件包括合同中各个系统的操作系统软件、数据库、应用软件、开发平台和工具以及各个设备的驱动软件和控制软件等。

(2)本工程中使用的操作系统软件、数据库、应用软件、开发平台和工具、硬件设备驱动软件和控制软件等均应使用正版软件,严禁使用盗版软件。因使用盗版软件而产生的一切后果由承包人承担。

(3)本工程中应用的开发软件应遵照国家关于计算机软件开发的相关法律法规和程序的要求。

(4)应用软件开发周期分:计划研究阶段、需求分析阶段、设计阶段、实现阶段、测试阶段以及运行维护阶段。按照总体施工组织设计安排和应用软件开发的进度,在各个阶段及时向监理工程师提交应用软件开发过程中必须编制的各种文件，供监理工程师审查。

(5)应用软件开发文件编制中的《项目开发计划书》，应随工程施工组织设计提交监理工程师审批，《软件需求说明书》、《数据需求说明书》、《概要设计说明书》应在各系统技术设计时完成，并与技术设计文件一并提交专家评审会审查。评审会审查后进行修改，报监理工程师审批。监理工程师批准后，承包人按照批准的概要设计编制软件的《详细设计说明书》和《数据库设计说明书》，并进行软件的代码编写工作。

(6)承包人在软件开发过程中编制的文件应按照国家软件开发规范中规定的标准用语、符号和方法进行。

(7)承包人完成应用软件编制任务后，应在现场安装之前对软件进行模拟测试，监理工程师在接到测试通知后，应根据需要决定是否派人员参加软件的安装前模拟测试工作。

(8)应用软件在系统完工测试时应根据国家《工业控制软件评定准则》的规定和要求对软件进行功能测试、可靠性测试、用户友好性测试、性能测试、可维护性测试、可移植性测试及可扩展性测试等。

(9)应用软件的用户手册、操作手册、管理手册、维护手册等文件资料应根据国家有关规范进行编制。

8.5 施工安装图和设备配置清单

(1)承包人应按下列要求提交图纸和设计文件供业主和监理工程师审批。

①图纸、打印件、复印件应规范化，且内容清晰，符合国家相关制图标准。

②图纸的规格尺寸应符合国家标准，所有图纸应有图名、图号、比例、日期和设计者、复核者、审核者的签名。

③当提交总体布置图时，应在图上表示出所有机电设备的位置等详细内容，包括安装、维修、更换所需的空间和环境要求、质量、基础和紧固件。

④提交的设计方案和图表，应包括描述设备功能和操作所需的辅助资料。这些文件在提交时仅是原则性批准，必须在系统设备测试合格后，再最后验收。

⑤应提供所有涉及土木工程合同设备基础的技术要求文件和房建工程的各种机房、控制室技术要求文件和工艺要求文件。

⑥当图纸修改后再次提交审批时，应在图纸上清楚地标出所修改内容，修改后图纸还应注有修改设计图纸序号。

⑦提交审批的设计或图纸应包括下列内容。

a. 图号，包括修改后图号。

b. 图名。

c. 提交审批的日期。

d. 设计说明。

e. 设计证书。

f. 能使业主和监理工程师做出最后决定的材料。

(2)用于说明可选方案或提供资料不完整的图纸,不包括在审批范围之内。

(3)加工设备和非标产品详细的加工图(制造用图纸)必须提交监理工程师审批。

(4)计算书和表格应提交监理工程师审批,除非规范中另有要求,否则,提交审批的材料仅是模型公式或范例。

(5)如果监理工程师认为需要其他设计、图纸、计算书、范例、模型和公式,或需对某些设计、安装、操作及维修进行说明解释的,那么承包人必须提供这些材料。

(6)编制目录和顺序:总体设计说明、图例、分册图纸与工程量,编排顺序一般为地理位置图和路网图,系统构成总图,分系统构成、各子系统、具体设备安装图。

(7)设计内容和深度:各类总图和工程量,设备器牌型号、规格和具体配置表,各结构物和站区系统图、设备连接图或端子分配图、编号表、IP 地址分配表、设备安装施工图(包括基础、机箱加工和布置图、柜内接线图、标志、颜色)、缆线路由图与施工要求、配电箱安装图和接线图、机房和监控室装修图、综合布线图、机柜设备布置图、接线和防雷安装图、接线和安装大样图、人手井施工图、井盖标志图等。

(8)专门订制设备的加工制造图:需要专门订制的设施,应根据招标图纸和联合设计确定的具体需求和美观需要,详细按比例编制相关的制造加工图、材料规格、颜色、尺寸、连接方式、表面处理、设备摆放与安装位置、走线、防雷标志等。外场设备还要补充防护、防雷、接地等设计内容。

(9)设备配置清单:承包人应根据最后批复的联合设计文件,详细编制所有采购设备和材料的配置清单,并进行统一编号。

8.6 设计评审和批准程序

(1)监理工程师应按照合同条款的规定对工程设计文件进行审查和批准,但联合设计文件和重大变更设计还应按规定报省高速公路建设总指挥部审批。

(2)在设计审批和批准程序中,监理工程师可根据规范要求承包人提交所有设计文件与修改或变更方案,该项费用由承包人承担。监理工程师收到报审设计文件后,将在合同规定的期限内审定并正式通知承包人。

①承包人提交的设计文件通过评审,这意味监理工程师已核查和批准了承包人提出的方案,可以进行定货、制造或安装方面有关的工作。其评定标准是承包人提交的设计基本上不需要修改。

②承包人提交的设计文件原则上已通过审批,这意味监理工程师在总体已同意承包人提交的方案,但某些细节方面需要较大的修改,监理工程师应指出不太满意的内容。是否定货、制造、安装也应分别列明。

③承包人提交的设计文件没通过评审,这意味承包人提交的方案不能满足规范规定的要求或机电设备不能正常工作,业主和监理工程师应列出不批准的内容。

承包人应将监理工程师没有批准的图纸、计算书或其他资料修改后重新提交给监理工程师审批,并且不能延误工程的施工与完成进度。

在得到监理工程师审批之前,承包人不得做任何与待批项目相关的工作,否则后果自负。

如果监理工程师在28d内没有采取上述①、②、③之中的任一行动,则意味着监理工程师对设计文件已经认可。

(3)监理工程师对相关设计文件的审批不解除承包人的责任和义务。

8.7 设计文件和软件的版权

承包人应保证业主享有其所提供设计文件、图纸和软件的版权,并且对这些设计文件、图纸和软件的使用没有限定条件,以免妨碍业主将来的维修设备、采购备件、更换和扩展系统等工作的顺利进行。未经业主书面同意,承包人不得把本项工程所用的任何设计文件登记注册。业主有权使用这些设计文件、图纸和软件等文件。

9　设备包装防护与运输

9.1　设备包装防护

(1)所有现场交付的设备应有良好的包装和防护措施,以免因受搬运、气候等其他不利条件影响而损害。设备材料在安装与使用前(到场检验除外),不得打开包装和防护材料。

(2)为了运输安全,所有设备产品均须妥善包装,以免在运输途中和交货时受气候条件的影响。包装标准和要求应符合同类设备产品的相关要求。

(3)包装与防护使用的材料应符合国家相关法律法规与动植物检验检疫的相关规定和要求,在设备安装后应及时从现场撤离或按规定处理包装材料,以免造成环境污染或病害传播。原则上不使用松木作为包装材料,如确需使用,应按照松材线虫病预防与防治工作的要求办理《植物检疫证书》。

(4)设备包装箱内应附有详细的装箱单与产品技术说明资料,并附有相关配件材料。包装箱外层还应标注设备的包装尺寸、质量、产品名称等相关信息。

9.2　设备运输

(1)承包人应负责修建、维修、养护和管理施工所需的临时道路和交通设施,包括维修、养护和管理发包人提供的道路和交通设施,并承担相应费用。

(2)承包人车辆外出行驶所需的场外公共道路的通行费和税款等由承包人承担。

(3)承包人应遵守有关交通法规,严格按照道路和桥梁的限制荷载安全行驶,并服从交通管理部门的检查和监督。

(4)承包人负责运输的超大件或超重件,应由承包人负责向交通管理部门办理申请手续,发包人给予协助。运输超大件或超重件所需的道路和桥梁临时加固改造费用和其他有关费用,由承包人承担。

(5)因承包人运输造成施工场地内外公共道路和桥梁损坏的,由承包人承担修复损坏的全部费用和可能引起的赔偿。

10　施工安全和环境保护

10.1　安全法规

(1)承包人、分包人及其施工人员应严格遵守适用于本工程的安全法律、法规。

(2)承包人应遵守《中华人民共和国安全生产法》、《建设工程安全生产管理条例》、《安全生产许可证条例》、《公路水运工程安全生产监督管理办法》的相关规定。承包人应当取得安全生产许可证,单位的主要负责人、项目负责人、专项安全生产管理人员必须取得考核合格证书;承包人应当建立健全安全生产责任制度和安全生产教育培训制度及安全生产技术交底制度,制订安全生产规章制度和操作规程,保证施工安全生产条件所需资金的投入,对所承担的公路工程进行定期和专项安全检查,并做好安全检查记录。

(3)承包人应遵守《公路工程施工安全技术规程》(JTJ 076—1995)的有关规定,还应遵守其他有关指导安全、消防、健康与环境卫生方面的法规和规范,并应提供相应的安全装置、设备与保护器材及采取其他的有效措施,保护现场施工和监理人员的生命、健康及安全。

(4)承包人应采取一切措施确保工地施工人员的健康和人身安全并安全高效地实施工程。承包人应为其雇员和设备提供安全保险,包括人身安全,防灾及防盗保险等。在机电工程施工全过程中(交工验收前),承包人应负责承担所有未移交给业主设备的财产损失。

(5)业主和监理工程师可以要求承包人解雇那些不遵守现场安全法规的工作人员。如果业主和监理工程师事先没有同意的话,这些施工人员不得再次被雇用到现场工作。

10.2　安全机构与设施

(1)承包人除采取必要的安全措施外,还应成立施工安全委员会。承包人在项目部成立时同时列出现场安全委员会人员的姓名和资历,供业主和监理工程师审批。安全委员会应提出有关工程施工安全、防止污染、卫生、健康等方面的决定或建议,并督促各施工班组认真遵照执行。

(2)外场现场安装的工作人员应穿反光安全服,业主和监理工程师认为有必要时,还应戴安全头盔、护眼、耳罩和安全带等。在外场施工现场须按规范设置反光锥形交通路标和施工警示标志。

(3)承包人应配备专职安全生产管理人员,并按照每5 000万元施工合同额配备一名专职安全生产管理人员,不足5 000万元的应配备一名。

专职安全生产管理人员负责对安全生产进行现场监督检查,并做好检查记录,发现生产安全事故隐患,应及时向项目负责人和安全生产管理机构报告;对违章指挥、违章操作和违反劳动纪律的,应当立即制止。

(4)所有施工现场和设备材料仓储场所,以及项目部均应配置必要的安全防护设施,其中施工现场配置的安全防护措施应在各分项工程的施工组织和进度计划中详细列明,监理在分项工程开工前和施工过程中应认真监督核实。

10.3 承包人安全责任与安全措施

(1)承包人应按合同约定履行安全职责,严格执行国家、地方政府关于施工安全管理方面的法律、法规及规章制度,同时严格执行发包人制订的本项目安全生产管理方面的规章制度、安全检查程序及施工安全管理要求,还应执行监理人有关安全工作的指示。

承包人应根据本工程的实际安全施工要求,编制施工安全技术措施,并在签订合同协议书后28d内,报监理人和发包人批准。该施工安全技术措施包括(但不限于)施工安全保障体系、安全生产责任制、安全生产管理规章制度、安全防护施工方案、施工现场临时用电方案、施工安全评估、安全预控及保证措施方案、紧急应变措施、安全标志、警示和围护方案等。对影响安全的重要工序和危险性较大的工程应编制专项施工方案,应附安全验算结果,经承包人项目总工签字并报监理人和发包人批准后实施,由专职安全生产管理人员进行现场监督。

监理人和发包人在检查中发现存在安全隐患或有违反安全管理规章制度的情况时,可视其为承包人违约,应按合同条款第22.1款的规定处理。

(2)承包人应加强施工作业安全管理,特别应加强对易燃、易爆材料、火工器材、有毒与腐蚀性材料及其他危险品的管理,还应对爆破作业和地下工程施工等危险作业进行管理。

(3)承包人应严格按照国家安全标准制订施工安全操作规程,配备必要的安全生产和劳动保护设施,加强对承包人人员的安全教育,并发放安全工作手册和劳动保护用具。

(4)承包人应按监理人的指示制订应对灾害的紧急预案,报送监理人审批。承包人还应按预案做好安全检查,配置必要的救助物资和器材,切实保护好有关人员的人身和财产安全。

(5)合同约定的安全作业环境及安全施工措施所需费用应遵守有关规定,该费用包括在相关工作的合同价格中。因未按合同约定的安全作业环境及安全施工措施而增加的费用,由监理人按合同条款第3.5款商定或确定。

(6)承包人应对其履行合同所雇用的全部人员(包括分包人人员)的工伤事故承担责任,但由于发包人原因造成承包人人员工伤事故的,应由发包人承担责任。

(7)由承包人的原因在施工场地内及其毗邻地带造成的第三者人员伤亡和财产损失等一切后果,由承包人负责。

(8)在施工安装期间，承包人应按合同要求尽早提供和使用进入工地的平台、通道及临时设施等设备。

(9)承包人应将详细的安全法规和紧急处理程序提交安全委员会审批。

(10)承包人应将批准的安全法规和紧急处理程序分发给各施工现场。承包人将根据安全委员会的要求修改安全法规和紧急处理程序的内容。

(11)承包人的垂直运输机械作业人员、安装拆卸工、起重信号工、电工、焊工等国家规定的特种作业人员，必须按照国家规定经过专门的安全作业培训，并取得特种作业操作资格证书后，方可上岗作业。

(12)承包人应充分关注和保障所有在现场工作人员的安全，采取以下有效措施，使现场和本合同工程的实施有条不紊地进行，以免上述人员的安全受到威胁。

①按《公路水运工程安全生产监督管理办法》规定的最低数量和资质条件配备专职安全生产管理人员。

②承包人的垂直运输机械作业人员、安装拆卸工、起重信号工、电工、焊工等国家规定的特种作业人员，必须按照国家规定且经过专门的安全作业培训，并取得特种作业操作资格证书后，方可上岗作业。

③所有施工机具设备和高空作业设备均应定期检查，并有安全员的签字记录。

④根据本合同各单位工程的特点，严格执行《公路水运工程安全生产监督管理办法》、《公路工程施工安全技术规程》(JTJ 076—1995)与《公路筑养路机械操作规程》(JZ 0030—1995)的具体规定。

(13)为使本合同工程免遭损坏，为了现场附近和过往群众的安全与方便，在监理人或有关主管部门要求时，承包人应自费提供照明、警卫、护栅、警告标志等安全防护设施。

(14)在整个施工过程中对承包人采取施工安全措施，发包人和监理人有权进行监督，并向承包人提出整改要求。如果由于承包人未能履行上述事项采取各种必要的措施而导致或发生与此有关的人身伤亡、罚款、索赔、损失补偿、诉讼费用及其他一切责任应由承包人承担。

10.4　消防规程

(1)承包人应严格遵照消防规程、本规范，按照业主和监理工程师的要求，在有潜在危险的地方放置便携式灭火装置。

(2)当施工现场发生紧急情况时，承包人的一切工作应服从消防部门指挥，直到消防部门解除紧急状态为止。

(3)如果业主和监理工程师认为使用裸露照明装置可能引起火灾，那么承包人应按业主和监理工程师的要求增加预防措施和灭火设备。承包人对本条款的响应并不能解除其对合同应承担的责任。

10.5 急救与医疗设备

(1)承包人应对其管理人员和作业工人的安全负责,并负责向业主和监理工程师及现场管理人员提供必要的急救设备。

(2)在工程实施过程中承包人应雇用一名有资格的专职急救员监督、指导施工现场健康保护,避免事故发生,检查所有安全规则与条例的执行情况。

(3)承包人应在现场配置必需的药品储备和医疗设备。药品储备和医疗设备的规模、质量与标准应得到业主和监理工程师的认可。承包人应保持这些药品储备和医疗设备充足,并处于有效期内。

(4)承包人应按照相关程序和要求上报业主和监理工程师,施工现场发生死亡或严重伤害时,承包人还应每月提交一份事故报告。该报告包含所有事故发生的时间、损失、采取的补救措施及业主和监理工程师需要的其他详细资料。

10.6 危险品和辐射

(1)承包人应按照危险品运输和储存安全条例的要求,确保所有易燃气体、油料、易爆物等其他危险品的运输和储存安全。

(2)没有监理工程师的批准,承包人不得进行危及人身安全的电离或静电辐射操作,承包人应确保所有工作人员和社会公众免受辐射影响。每一辐射区应用警示标志和隔离护栏予以警告。

10.7 设备测试安全

在设备测试期间,承包人应确保机电设备测试周围和现场工作人员安全。

10.8 施工机械操作安全

(1)根据工程施工需要,承包人应提供机电设备、材料所需的起重、升降、开挖设备以及检测工具。这些设备和工具应根据有关技术规范的规定定期进行维修和保养。

(2)所有的起重设备应清楚地标明安全工作荷载并安装超载警告装置。

(3)所有起重设备应由熟练的持证工作人员进行操作。

(4)所有起重和升降、开挖等设备都应根据有关规范的规定进行测试,并在设备和工具进入施工现场之前,承包人应提交测试合格证供监理工程师审批。

10.9 环境保护

(1)承包人在工程施工中,应严格遵守国家环境保护部门的有关规定采取环保措施,以预防和消除因施工造成的环境污染,保护土地和植被,确保业主不因污染而承担相关的处罚和索赔。

(2)承包人生产、生活设施应符合环保要求,并接受当地政府及有关部门的监督。

(3)承包人在施工期间加强环保意识,保持工地清洁,控制扬尘,杜绝漏洒材料。

(4)承包人应通过有效的技术手段和管理措施将施工噪声控制到最低程度。当施工工地距居民住宅距离小于150m时,要求夜间施工噪声不得大于55dB。

(5)承包人应及时处理施工和生活中产生的垃圾等废弃物,避免阻塞河流和污染水源。

(6)承包人将施工及生活中产生的污水和废水,集中处理,经检验符合《污水综合排放标准》(GB 8978—1996)规定后,才能排放河流或沟溪中。承包人不得把含有污染物质或可见悬浮物质的水排入河流、水域或灌溉系统中。

(7)在施工过程中,由于排污、噪声、材料漏失等对周围居民和环境造成的损失由承包人承担责任。

10.10 安全生产费用

(1)根据交通运输部《公路水运工程安全生产监督管理办法》的相关规定和要求,合同中列明的安全生产费用,应用于施工安全防护用具及安全设备的采购和更新、安全施工措施的落实和安全生产条件的改善,不得挪作他用。

(2)除项目合同条款另有约定外,安全生产费用应为投标价(不含安全生产费及建筑工程一切险及第三者责任险的保险费)的1%(若发包人公布了投标控制价上限时,按投标控制价上限的1%计)。如承包人在此基础上需增加安全生产费用以满足项目施工需要,则承包人应在本项目工程量清单及其他相关子目的单价或总额价中予以考虑,发包人不再另行支付。因采取合同未约定的特殊防护措施增加的费用,由监理人按合同条款第3.5款商定或确定。

11 计量支付与工程资金监管

11.1 一般计量要求

(1)按本章要求完成的项目均以工程量清单中的相应项目及单位按前述规定的计量方法计量。

(2)安装测试及附件费用计入每个章节所列项目中,不再单独计量。

(3)暂定金项目应根据实际发生数计量。

(4)本指南所有工程项目,除个别注明者外,均采用我国法定的计量单位,即国际单位及国际单位制导出的辅助单位进行计量。

(5)本指南的计量与支付,应与合同条款、工程量清单以及图纸同时阅读。工程量清单中的支付项目号和本指南的章节编号是一致的。

(6)任何工程项目的计量,均应按本指南规定或监理工程师书面指示进行。

(7)按合同提供的材料数量和完成的工程数量所采用的测量与计算方法,应符合本指南的规定。工程的计量应以净值(即实际用于工程的设备材料数量)为准,所有这些方法,应经监理工程师批准或认可。承包人应提供一切计量设备和条件,并保证其设备精度符合要求。

(8)除非监理工程师另有准许,一切计量工作都应在监理工程师在场的情况下,由承包人测量、记录。有承包人及监理工程师签名的计量记录原本,应提交给监理工程师审查和保存。

(9)工程量应由承包人计算,由监理工程师审核。工程量计算的副本应提交给监理工程师并由监理工程师保存。

(10)工程中所需的模板、脚手架、装备、机具、螺栓和垫圈等其他材料,应包括在工程量清单中所列的有关支付项目中,不得单独计量。

(11)承包人应严格按标准计量进行基础工作和材料采购检验工作。因不符合计量规定引发的质量问题所发生的费用由承包人承担。

(12)工程数量表及数量汇总表仅是提供资料,不是工程量清单的外延。当图纸与工程量清单所列数量不一致时,以工程量清单所列数量作为报价的依据。当工程所需的设备材料未包含在工程量清单中时,所需设备材料作为工程量清单遗漏项目,并根据变更程序计量。

11.2　质量

(1)凡以质量计量的材料,都应在精确且经批准认可的磅秤上,由相应称职的人员在监理工程师指定或批准的地点进行称量。

(2)称质量时应满足以下条件:监理工程师在场;称质量记录;载有包装材料、支撑装置、垫块、捆束物等质量的说明书在称质量前提交给监理工程师作为依据。

(3)钢筋、钢板或型钢计量时,应按图纸或其他资料标示的尺寸和净长计算。搭接、接头套筒、焊接材料、下脚料和定位架立钢筋等,则不予计量。钢筋、钢板或型钢应以千克计量,四舍五入,不计小数。钢筋、钢板或型钢由于理论单位质量与实际单位质量的差异而引起材料质量与数量不相匹配的情况,计量时不予考虑。

(4)金属材料的质量不得包括施工需要加放或使用的灰浆、楔块、填缝料、垫衬物、油料、接缝料、焊条、涂敷料等的质量。

(5)凡按质量计量的材料的货车,应每天在监理工程师指定的时间和地点称出空车质量,每辆载货汽车还应标示清晰易辨的标记。

(6)对有规定标准的项目,例如钢筋、金属线、钢板、型钢、管材等,均应有规定的规格、质量、截面尺寸等指标,这类指标应视为通常的质量或尺寸。除非引用规范中的允许偏差值加以控制,否则采用制造商的允许偏差。

11.3　面积

除非另有规定,计算面积时,其长和宽应按图纸所示尺寸线或按监理工程师指示计量。

11.4　长度

(1)凡以长度计量的材料,都应采用精确且经批准认可的丈量工具,由相应称职的人员在监理工程师指定或批准的地点进行丈量。

(2)电缆、光缆、护管或钢管计量时,应按图纸或其他资料标示(包括按规范规定的预留长度)的尺寸和净长计算。电缆、光缆因波形增长、弛度增长、施工损耗等变化的长度,计量时不予考虑。

11.5　结构物

(1)结构物应按图纸所示净尺寸线或根据监理工程师指示修改的尺寸线计量。

(2)水泥混凝土的计量应按监理工程师认可并已完工工程的净尺寸计算,钢筋的体积不扣除,倒角不超过 $0.15m \times 0.15m$ 时不扣除,体积不超过 $0.03m^3$ 的开孔及开口不扣除,面积不超过0.15m×0.15m的填角部分也不扣除。

(3)所有以延米计量的结构物(如管涵等),除非图纸另有标示,均应按平行于该结构物位置的基面或基础的中心方向计量。

11.6 成套的设备单元

如规定的计量单位是一成套的设备或设备单元,该单元应包括所有必需的配件、内部连接电缆及相关作业。

11.7 支付

(1)各项支付由承包人根据合同规定及工程实际完成情况申报,由监理工程师审查后支付。

(2)合同条款中规定的工程一切险和第三方责任险的保险费,将根据保险公司的保单经监理工程师签字后支付。如果由业主统一与保险公司办理上述两项保险,则由业主扣回。

(3)承包人驻地建设工程完工后,由监理工程师验收合格后分期支付所报总额的80%,应在第一次和第二次进度付款证书中,分两次等额支付;所报总价中余下的20%,应在承包人将不需要的建筑全部移走和清除后,经监理工程师验收合格后予以支付。

(4)竣工资料费在承包人提供全部资料,并经监理工程师验收合格后一次性支付。

(5)在工程量清单中标明的暂定金部分,应根据业主和监理工程师批准实施的实际内容、数量和价格进行支付。

(6)开工预付款的支付。承包人提交了履约担保和签订了合同协议书并提交了开工预付款担保后14d内,工程师应按投标书附录中规定的金额签发开工预付款支付证书,并报业主审批。

开工预付款的担保金额应等于开工预付款额,开工预付款银行保函的正本由业主保存,该保函在工程完工验收后退还。

(7)设备、材料预付款的支付。业主给承包人支付的设备、材料预付款,用于购进和安装永久工程中的各种设备、材料之用。此项金额应为主要设备、材料的工程量清单中确定的相应单价的70%。其支付条件是:

①设备、材料符合规范规定的要求并经监理工程师认可。

②设备、材料已在现场交货,且存储良好,监理工程师认为设备材料的存储方法符合要求。

监理工程师应将此项金额作为设备、材料预付款计入下一次的阶段支付款中。

当设备、材料已用于或安装在永久工程之中时,设备、材料的预付款将转为支付款额,列入阶段支付款或完工结账单的相应工程支付细目中。

(8)工程完工的支付。在监理工程师签发完工证书后的21d内,承包人应以监理工程师批准的格式提交一份支付申请及完工结账单,并附上详细说明的证实文件。表明按合同规定,直到完工证书写明的完工日期为止,业主应支付给承包人的合同金额,监理工程师将在收到支付申请和完工结账单后的14d内核定该支付金额,并报业主审批,业主核准后,在合同规定的时间内向承包人累计支付工程合同总额的90%。

(9)交工的支付。在工程通过业主组织的验收后的21d内,承包人应以监理工程师批准的格式提交一份支付申请及交工结账单,并附上详细说明的文件。表明按合同规定,直到交工证书写明的交工日期为止,业主应支付给承包人的合同金额,监理工程师将在收到支付申请和交工结账单后的14d内核定该支付金额,并报业主审批,业主核准后,在合同规定的时间内向承包人累计支付工程合同总额的95%。如有拖期损失偿金,业主应予以扣除。

(10)缺陷责任期结束的支付。在发出缺陷责任终止证书后的28d内,承包人应按监理工程师批准的格式向监理工程师提交一份缺陷责任期结束的支付申请,并附上详细的证实文件,表明:

①根据合同规定已经完成的全部工程的价值。

②承包人根据合同规定认为应付给他的任何其他的款项(含保留金)。

监理工程师应在收到最后结账单后的21d内核定有关内容,并报业主审批,业主将在28d内予以答复,如果业主批准同意缺陷责任期结束的支付,则业主将在合同规定的时间内将有关款项支付给承包人。如果业主未批准该最后结账单,则监理工程师应将业主的意见或理由通知承包人,此时双方应协商解决。如协商不成,可按合同条款解决纠纷。

(11)变更工程的支付。经监理工程师确认的变更工程,应列入工程量清单表内,作为支付项目,与招标工程量清单内的支付项目等同,其支付方式按照上述规定执行。

12 内业资料和档案管理

12.1 内业资料

(1)内业资料一般包括承包人与监理、业主、主管或监督部门之间的往来文件;与供货商、代理商、专业分包商、劳务人员之间签订的合同、协议;承包人施工记录与派工单等,设备材料的装箱单、技术说明书、认证、检测报告、合格证、软件协议等,以及产品相关环保、安全等许可资料;工程进度报告和资料;现场测试数据和报告;质量自检自评资料;培训材料等。

(2)承包人应严格按照相关规定和要求,收集施工安装和调试期间的所有内业资料,并按规定分类分册整理存放,以便查阅和存档。

(3)工程所有内业资料均应在工程验收后移交项目业主和运营单位。

12.2 工程档案

(1)工程竣工档案资料应根据《福建省高速公路工程竣工档案编制办法》的规定和要求编制,并经档案部门专项验收合格。

(2)承包人应认真核对竣工档案资料,确保其内容和数据与实际工程一致,不得影响运营期间的相关操作和维护工作。

13 安装调试与中间交工验收

13.1 施工安装调试

(1)在分项工程施工安装工作开始前至少两周,承包人应提交一份施工安装图(包括操作和维护程序),供监理工程师批准。监理工程师审批施工图文件的期限为28d。

(2)如果施工安装图没有按期提交,或没有按监理工程师的要求提供详细的细节,则监理工程师有权依照有关合同条款指示承包人暂停工程,直到本条内容被执行。

(3)施工安装图应详细说明所有设备部件的安装、测试和试运行的顺序和采取的各种措施,确保设备的正常功能、避免设备损坏和影响使用寿命;还应说明电缆的埋设、连接和测试等。

(4)承包人不得在现场安装未经工厂测试或监理工程师批准的任何设备。

(5)承包人应事先检查所有工作通道、门、房间的尺寸,以保证设备能顺利安装在正确的位置上。

(6)在安装和调整位置作业时,不能损坏现有设备,承包人应在进入施工现场前30d通知监理工程师。

(7)承包人完成设备安装与接线后,应开展设备与系统调试工作,调试工作应包含三方面内容:单机调试、分系统调试和系统联调。

(8)承包人提供的单机调试、分系统调试和系统调试的测试项目应包括技术规范要求的技术指标项目和功能项目。

(9)业主可协助承包人提供安装、调试期间所必需的燃料、动力、供电等,但由此发生的费用由机电三大系统承包人承担。

13.2 中间交工验收

(1)承包人在完成基础施工、设备安装和缆线敷设施工并经检验合格后,应及时向监理工程师申请设备安装工艺的中间交工验收。

(2)隐蔽工程和关键工程,应在工序交接时开展中间交工验收,确保上一道工序质量符合规范规定的要求,下一道工序顺利进行。

14 完工测试与验收

14.1 完工测试

(1)工程处于完工状态,经承包人百分百质量自检合格,且监理和业主质量抽检合格后,由福建省高速公路建设总指挥部组织工程完工测试。完工测试内容包括全部工程各系统的设备外观、安装工艺、综合布线、功能、技术性能指标、软件功能等方面。

(2)承包人质量自检比例为100%,监理和业主抽检比例不少于30%。

(3)承包人应根据完工测试大纲的要求和方法,做好测试准备工作,包括测试项目调试、现场操作、安全措施、后勤保障和服务等。

(4)完工测试应包括以下内容,但不仅限于此:

①设备安装的完工质量检查。

②单项设备功能测试。

③单项设备技术性能指标测试。

④分系统功能与指标测试。

⑤系统功能与指标测试。

⑥系统联网运行测试。

(5)设备完工质量检查中应着重检查以下工作细节:

①所有设备、电缆布线和配电安全、可靠性。

②所有联锁装置、绝缘体、门、盖板安装适当且可以调整。

③所有外露的金属部分应根据IEC的有关规程和要求进行接地。安全接地和工作接地点应符合设备生产厂家的要求。

④所有的电缆芯及端子应适当装配、固定、支撑并要有不同的颜色用以正确识别。

⑤所有电源的相线和中性线及公共连接要正确,电压、频率符合工作要求。

⑥所有电源要加保险或其他保护措施,使得在故障情况下能安全自动断开。

⑦所有保护盖要合适,提示和标签要正确,并安装在适当的位置。机壳和机箱的内外都要干净、无杂物。

⑧蓄电池要安装、连接正确,并保证良好的通风条件。充电器要能正常工作,如果采用可控硅充电设备,不得对机电设备产生干扰。

⑨电缆和设备的绝缘电阻要大于IEC规定的要求。

⑩所有用于故障指示和报警的电子回路应正常工作。

⑪所有用蓄电池供电的设备，在蓄电池额定供电时间内，不受交流电源故障、修理的影响。

⑫所有设备和系统的性能指标要选用适当的仪器、方法进行测试，测试结果应符合合同规定。

⑬所有源程序、自动编程器、程序调试工具、系统接口应符合应用程序要求。

(6)全套设备和所有已安装连接的附属设备符合监理工程师批准的施工安装图。如工程需要，测试可以分阶段进行。在所有设备安装完毕后，应进行操作运行状态下的最后总测试，确保分阶段测试对前期工程的技术性能无影响。如果设备中的任一部件未能通过上述测试，应在故障排除后，承包人自费重新测试并满足监理工程师的要求。

(7)除非另有说明，设备中的电缆和专利元器件应根据相应的标准进行测试。当监理工程师有要求时，承包人应提供产品型式测试合格证书和文件。

(8)在安装过程中应对电缆的绝缘阻值(包括线间绝缘、对地绝缘、环阻和不平衡电阻)进行检查和记录。电缆的每一根线芯及报警、控制回路的每一根电缆都要检查。在进行相关设备的测试之前，应完成电缆测试并经监理工程师同意。

(9)测试仪器。

①承包人应配合提供合适的测试设备、仪器和测试人员，并排除测试过程中发生的故障。

②承包人提供的仪器设备应按要求校验与标定。如果监理工程师有要求，承包人还应在测试工作开始之前，委托专业机构对测试仪器进行标定。

(10)业主组织或委托专业机构开展完工测试的费用，据实从合同相关暂定金中列支，但承包人配合开展完工测试所需的费用已包括在合同报价中。

(11)工程经完工测试(含复检)合格后，由业主组织工程完工验收，完工验收的相关费用由承包人承担。

14.2 完工验收

(1)机电工程整体已按合同文件要求完成设备结构的安装和运行测试，并置于牢固整洁的状态下；所有与工程相关的设备运行调试和软件调试工作均已完成，且工程已通过福建省高速公路建设总指挥部组织的完工测试和完工验收。

(2)完工验收的申请条件：机电工程整体已按合同文件要求完成设备结构的安装和运行测试，并置于牢固整洁的状态下；所有与工程相关的设备运行调试和软件调试工作均已完成，且工程已通过福建省高速公路建设总指挥部组织的完工测试且质量合格。

(3)完工验收由福建省高速公路建设总指挥部组织，由发包人、监理、施工、运营管理养护等有关部门代表参加。

(4)完工测试和验收的费用由承包人承担。

(5)工程完工并经承包人质量自检,监理工程师质量抽检合格后,业主应组织工程完工测试。完工测试内容包括全部工程各系统的设备外观、安装工艺、综合布线、功能、技术性能指标、软件功能等方面的现场测试。

(6)业主组织或委托专业机构开展完工测试的费用,据实从合同相关暂估价中列支,但承包人配合开展完工测试所需的费用已包含在合同报价中。

(7)工程经完工测试(含复检)合格后,由业主组织工程完工验收,完工验收的相关费用由承包人承担。

(8)监理工程师根据完工验收纪要,开具完工证书。

15 试运行与交工验收

15.1 试运行环境条件

承包人应确保所有机电设备在本项目现场环境条件下正常交付试运行。

15.2 试运行

(1)连续试运转时间不少于3个月。如果由于承包人的原因,系统在3个月内达不到规范指标要求,则应在修复之后由双方重新确定下一次连续试运行开始日期。

(2)在试运行期间,承包人应完成系统联调成功,相关缺陷、故障等不足已整改完成并检验合格。

(3)承包人应在试运行期间负责修复、纠正或更换不符合规范要求的任何设备,由此发生的一切费用由承包人承担。

(4)在试运行期间,承包人必须根据售后服务承诺的时限要求修复故障,并将故障分析和修复情况上报业主和监理工程师。

(5)所有试运转期间设备的修改和软件变化都应在试运行结束后写入操作和维修手册中。

15.3 竣工资料编制

(1)工程完工后,承包人需按照交通运输部竣工资料编制办法和本指南的规定编制一整套准确、清楚的交(竣)工文件(包括原始的资料和安装、调试记录资料等),并提供给业主。竣工文件(一式六份)及散装底图,均为业主财产,竣工文件应提供图纸复印件和电子版。

(2)所有竣工图文件应作为操作和维修手册的一部分,列入参考资料目录中,便于系统和设备的维修、保养。参考资料的编排应经业主和监理工程师审批。

(3)承包人在施工期内应编制已安装设备的资料。竣工图应体现所有机电设备的安装位置、机房布设、各设备间的连接、电缆走线;应标明设备、元器件、模块型号;详细说明各设备功能、软件流程,以及在操作、维修或修改、扩展设备时所需的其他资料。同一设备或器件的编号、分类应与其他资料保持一致。

(4)竣工图应用计算机辅助软件进行绘制,图幅为《技术制图　图纸幅面和格式》

(GB/T 14689—2008)规定的A3纸,图的上、下边和右边留不大于10mm的图边线。每张竣工图需有图名栏,并用中文编写。

(5)整个工程的所有竣工图纸应在交工验收前编制完成并经业主和监理工程师审查批准。

15.4 质量核验与交工验收

(1)工程试运行结束,且符合交通运输部《公路工程竣(交)工验收办法》规定的交工验收条件后,业主可向省级交通质监部门申请机电工程质量核验检测。

(2)工程质量核验中的交工质量检测费,据实从合同规定的暂定金中列支,但承包人应配合交通质监部门开展质量检测工作,相关配合费用由承包人承担。

(3)经交通质监部门质量核验合格后,由业主组织工程交工验收,交工验收的相关费用由承包人承担。

16 培训与教材

16.1 培训

(1)承包人应为业主的管理人员、技术人员、操作人员提供培训,以便对工程的实施进行有效的管理,并保证工程交工验收移交后,业主能够据此开展系统的全部运行、操作、线路维护、故障分析处理、设备维修和保养等工作。

(2)技术培训应分为三类,第一类为业主的高级管理人员培训,在交工验收之前完成;第二类为业主的管理技术人员维护培训,在交工验收之前完成;第三类为业主的操作人员培训,在完工验收之前完成。

(3)承包人应为技术培训提供有资格的教员、适用教材、良好培训场所及必需的设备、器材,应采取课堂讲解与演示相结合,并提供一个正在运行的模拟系统进行现场观测。

培训课程采用中文讲授,教材应用中文编写。

(4)每类技术培训前,承包人应向业主和监理工程师提交一份详细计划、课程大纲、教材供业主和监理工程师批准,其中包括培训日期、地点、授课大纲、授课方式、教员职称与资历。

(5)经过监理工程师的同意,承包人可应用待测试或试运行的机电设备作为培训环境。

在培训过程中,承包人应提供书面教学材料、模型、机器设备、投影影片、电影和其他材料作为教具,这些设备和材料所有权归业主。

(6)承包人应承担所有授课人员、教材、设备及其他设施所需费用,但业主参加培训人员的相关费用[包括往返机票、食宿费(住宿标准不低于三星级宾馆)、出差津贴、交通费及健康保险等],由业主据实从合同规定的相关暂定金中列支。

(7)在缺陷责任期满后,因系统出现修改和扩展系统或者相应设施的改造需求时,承包人应确保各供货厂家对他们的各自产品在设备寿命期内提供备件和技术支持,并提供优惠的采购报价。

(8)所有设备在运行后,若发现材料、元器件欠缺,均应由承包人无偿补齐。

(9)承包人应向业主提供将来用于软件修改所需的系统软件或硬件、元件、备件及专用工具。

16.2 操作和维修手册(O&M 手册)

1)概述

(1)在系统试运行开始前 1 个月内,承包人应向业主提交两份操作和维修手册(初稿)。并在缺陷责任期开始后6个星期内向业主提交六份操作和维修手册正式稿,如有外文,应翻译整理成中文,O&M手册中的重要部分应用中文编写。

(2)每种设备应提供两份专用设备手册。专用设备手册是缩略本,应尽量减少无关的内容,并有详细说明,便于参照使用。

(3)操作和维修手册中应对各系统的运行操作作出全面的详细说明。

(4)对于系统中的某些设备或部件,如印刷电路板,承包人可直接使用这些设备与部件的生产厂家的资料和手册作为本操作维修手册的一部分,并根据手册的总目录依次汇编,这种文件可保留原有封面。

(5)有些设备或部件如在本地无法维修,必须送到厂家维修,那么,在O&M手册中应包括这些设备或部件的维修和拆装资料。

(6)控制原理图要清楚表示出设备的操作、安装及各部分的连接和各部分间电缆的走向。全部控制原理图包括部件、接触器的说明、图例和附注,即电流范围、线圈电压等及继电器的动作线圈、特殊功能的详细说明。

(7)O&M手册应有目录表和专门术语(编写)的章节,为了使用户容易理解O&M手册的内容,应在手册中列出所需的框图、图纸、轮廓图和实际设备或系统的照片,同时,还应包括操作使用该设备的注意事项和设备的安全使用寿命。

(8)每本手册都应有分目录,内容应包括部件、备件清单、维修规范、故障诊断等。每本手册后都应附上维修记录表格,供职员作维修记录使用。

(9)手册用纸质量要好,质量要求150g/m^2以上,以免因经常使用而破损。正文和图表要清晰,每一册都要加装硬皮封面,并且要有塑料的或其他材料的保护膜。手册要装订起来,以免由于使用造成篇页丢失。手册的装订要保证手册被翻开时能够保持平放,在手册的背后还要提供一个用来装散张图纸等的口袋。

(10)O&M手册的用纸标准尺寸为国际通用的A4纸,承包人应保证印刷的内容不褪色或看不清。图纸为A3纸,并可独立成册。

2)O&M手册的格式和编排

(1)O&M手册可根据系统的组成分为若干册,第一册为总体部分。应包括以下内容:

①题目页。

②与其他文件的卷数关系。

③目录。

④设备和控制部分概述。

⑤启动、关闭和紧急事件处理程序。

⑥设备操作的详细描述。

⑦设备总体布置图和机电产品维修与保养周期、次数,所用保养材料数量表和年平均需求量表等。

(2)其余各册应针对系统某一组成部分进行专门描述,需包括以下内容:

①第一节:操作。

由以下内容组成：

a. 系统主设备概述。

b. 对目前已完成系统、每一设备的性能和整个系统启动操作运行进行逐项描述与介绍。对于关键内容、要点应特别表示，以引起操作者的注意。

c. 包括操作和周期性保养、维修等重点内容在内的操作说明，并以表格的形式列出操作可能出现的问题、原因和解决措施。

d. 正常关机和紧急关机的操作说明。

e. 安装和试运行说明。

f. 所有设备和系统的设计参数，即功率、电流、电压、温度等。

g. 有关技术规范中所规定的所有设备的系统特征图表，如消耗量、主容量、功率和效率等。

h. 所有机械和电子测试记录结果。

i. 报告和合格证。

j. 专用工具和测试设备使用方法。

②第二节：维修、保养。

包括以下主要内容：

a. 组装和拆卸说明。

b. 维修、养护说明。

c. 故障诊断、维修。

d. 预防维修、保养建议。

e. 设定。

f. 清除和调整数据。

③第三节：维修、保养用图。

④第四节：部件目录。

(3) 承包人提供的文件应包括计算机系统及其他电子设备的软、硬件材料，承包人按业主和监理工程师要求提供的手册应满足下列要求：

这些文件包括下列内容，但不局限于此：

①设备制造商提供的文件。

②硬件框图，并有注释及电子线路原理简述。

③程序输入说明。

④含有注释的程序清单。

⑤流程图。

⑥软件模块描述。

⑦内、外存储器操作说明。

⑧有关操作系统和软件语言的编程手册。

3) 维修、保养用图纸

(1) 承包人应提交供业主方进行机电设备操作、维修和保养用的图纸。

(2)图纸应包括以下内容,但不局限于此:

①规格、材料、表面处理和紧固件。

②制造商代码,图纸系列号。

③包括密封部件等的布线图。

④规定的尺寸和误差。

⑤电路原理图。

(3)图纸格式应符合我国制图的有关标准。

4)O&M 手册的验收

O&M 手册中维修、保养的图纸和推荐备件清单是竣工资料的重要组成部分,所有文件应经业主和监理工程师审查,才能通过验收。

5)O&M 手册的版权

所有文件内容将成为业主的财产,业主有权复制所有文件并用于本高速公路各分系统工程中。

17　缺陷责任期与售后服务

17.1　缺陷责任期

(1)承包人应在整个缺陷责任期内负责纠正、修复或更换设备的制造和设计上的缺陷,由此发生的费用由承包人负担。

(2)承包人应根据售后服务承诺要求开展相关服务。

(3)在缺陷责任期内,承包人应免费进行故障和缺陷的维修工作,但系统和设备的日常维护及消耗品由业主承担。

17.2　售后服务

(1)承包人应在工程完工后,认真做好系统设备的售后服务工作,包括按照合同规定和投标承诺在指定地点成立售后服务组,配备专业技术人员和必要的备品备件,必要时还应协调设备厂商技术人员到场开展售后服务工作。

(2)承包人应确保售后服务时限满足合同要求,为此,承包人应备有足够种类和数量的备品备件以及交通工具。

(3)售后服务期间,承包人应自费开展现场设备维护和缺陷的修复工作。

附录　彩色图片汇总

附图 1　仓库牌匾

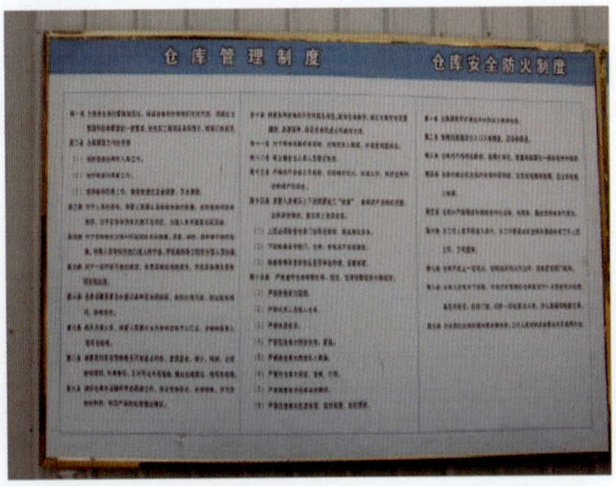

附图 2　仓库管理及安全防火管理制度

附图 3　仓库仪器仪表存放区示意图

附图 4　场地分区示意图及工程告示牌

附图5　出入库电脑管理软件

a)　　　　b)

附图6　库房分区图

附图7　电缆存放区示意图

附图 8　消防设施放置示意图

附图 9　项目部挂牌示意图

附图 10　项目经理室

附图 11　总工程师室

附图 12　工程技术部

附图 13　文档室

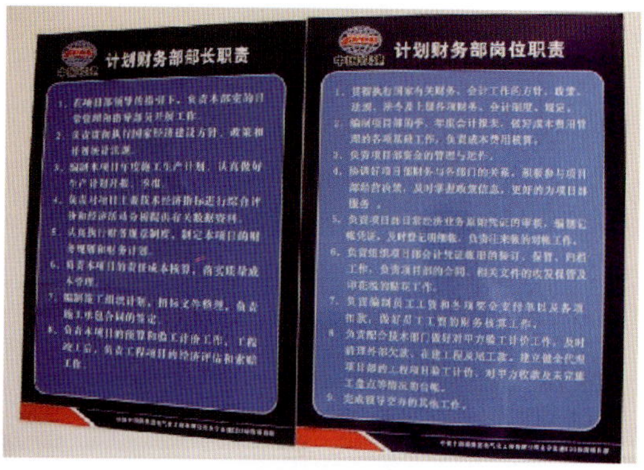

附图 14　计划财务岗位职责

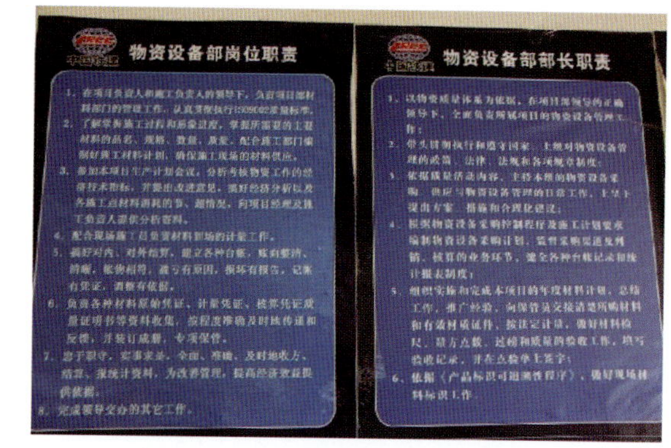

附图 15　物资部长岗位职责

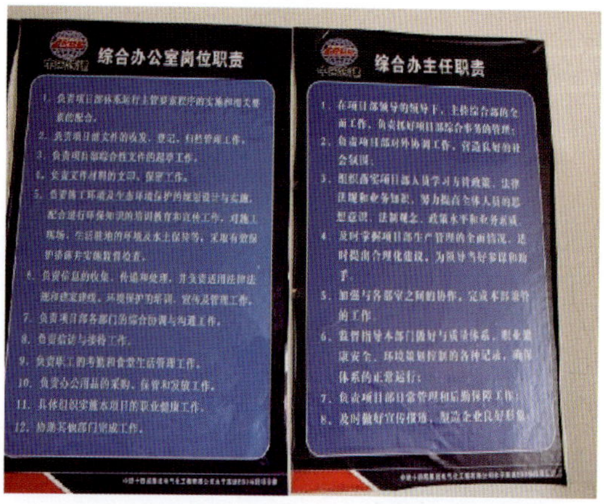

附图 16　综合办岗位职责

附图 17　项目总工岗位职责

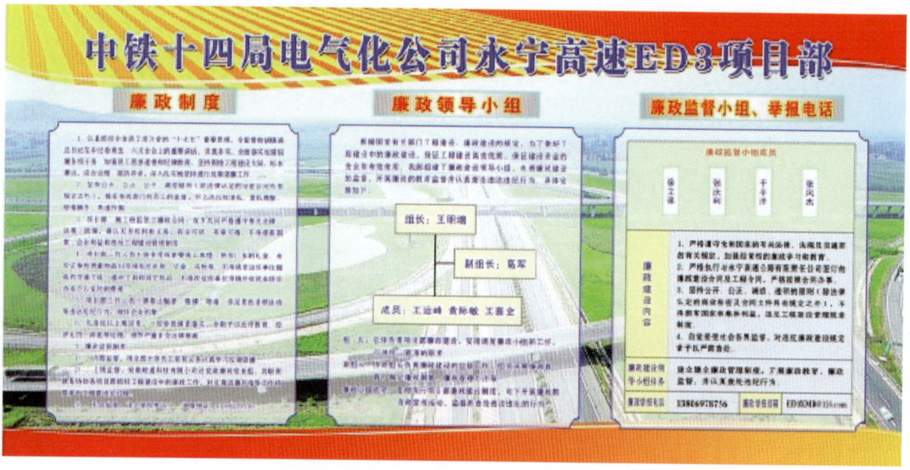

附图 18　项目部廉政宣传栏

附图 19　宣传栏

附图 20　安全保障及环境保护宣传

附图 21　供配电安全监管示例

参 考 文 献

[1] 中华人民共和国行业标准. JTG D80—2006 高速公路交通工程及沿线设施设计通用规范[S]. 北京:人民交通出版社,2006.

[2] 中华人民共和国行业标准. JTG/T D71—2004 公路隧道交通工程设计规范(附条文说明)[S]. 北京:人民交通出版社,2004.

[3]《标准文件》编制组. 标准施工招标资格预审文件. 北京:中国计划出版社,2007.

[4]《标准文件》编制组. 标准施工招标文件. 北京:中国计划出版社,2007.

[5] 关于对参与公路工程投标和施工的公路施工企业资质要求的通知(交公路发[2002]544 号).

[6] 关于发布公路工程标准施工招标资格预审文件和公路工程标准化施工招标文件2009 年版的通知(交公路发[2009]221 号).

[7] 公路工程竣(交)工验收办法(交通部令 2004 年第 3 号).

[8] 公路工程基本建设项目设计文件编制办法(交通部交公路发[2007]358 号).

[9] 公路工程设计变更管理办法(交通部令 2005 年第 5 号).

[10] 公路水运工程安全生产监督管理办法(交通部令 2007 年第 1 号).